4訂版

わかりやすい 少年警察活動

少年非行問題研究会　編

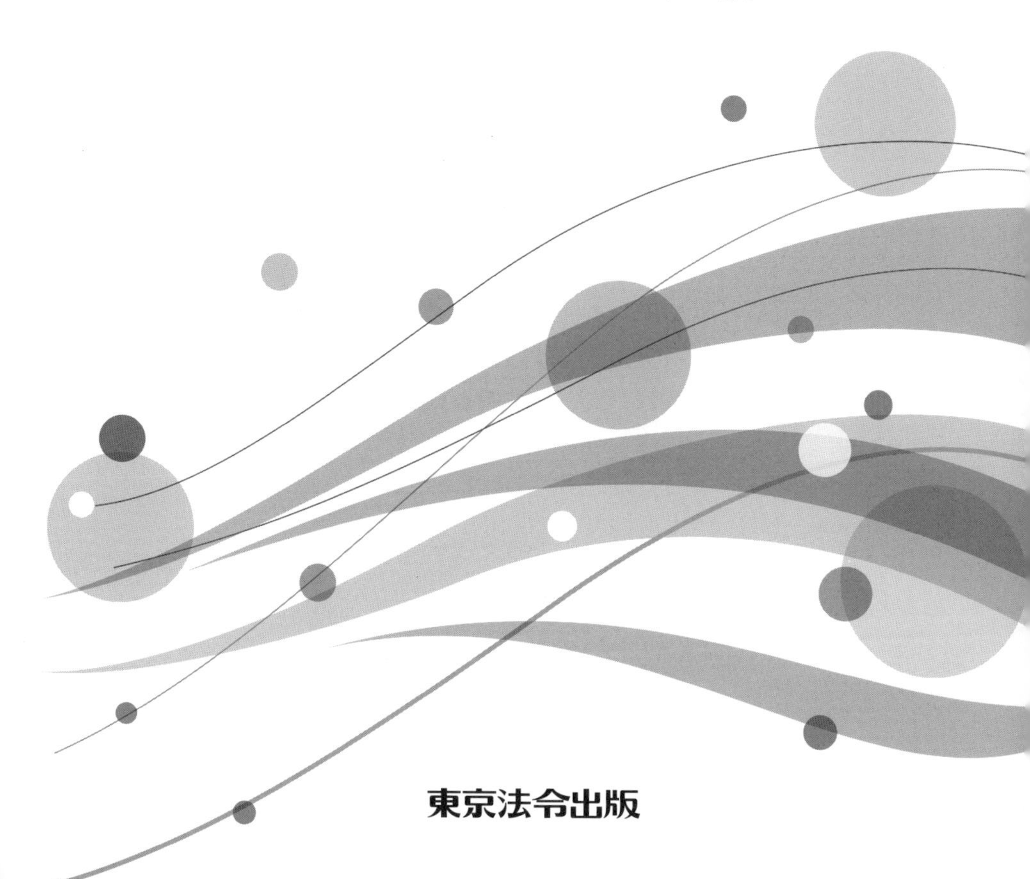

東京法令出版

4訂版の発刊にあたって

少年を取り巻く社会情勢は、「選挙権年齢が満20年以上から満18年以上に引き下げられる」、「民法の定める成年年齢が20歳から18歳に引き下げられる」など、18歳及び19歳の少年が社会において責任ある主体として積極的な役割を果たすことを期待する流れとなっています。

一方で、刑事司法においては、18歳及び19歳の少年であっても成長途上にあり、可塑性を有する存在と考えられ、少年法の適用では18歳未満の者とも20歳以上の者とも異なる取扱いをすることが適当であるとされました。

そこで、令和4年4月1日から施行された改正少年法においては、18歳及び19歳の者を「特定少年」と呼称し、その立場に応じた取扱いに関する特例等が定められました。

しかし、少年法の目的である少年の健全育成の精神に何ら変わりはありません。

刑法犯少年の検挙人員は減少傾向であるものの、その再犯者率は3割を超えており、特殊詐欺で検挙された人員の約2割を少年が占め、大麻や覚醒剤等の薬物を乱用する少年の数は高い水準で推移しています。

また、少年の犯罪等の被害状況をみれば、ＳＮＳに起因する事犯の被害児童数が高い水準で推移しており、児童虐待又はその疑いがあるとして警察から児童相談所に通告した児童数等は過去最多を更新しています。

以上のとおり、少年の非行と保護を巡る情勢は決して予断を許さない状況にあり、少年警察活動に携わる我々は、少年法の目的を達成すべく、犯罪を犯した少年や被害に遭った少年等一人一人の性格や周囲の環境を深く見極め、少年を保護する上で何が最も適切な処遇かに思いを巡らせ対応していく必要があります。

本書が少年警察の入門書としても活用されていることを踏まえ、手に取った職員が少年警察活動の要点を捉え、適切な職務執行に繋げられるよう、今回の改訂についても当初の編集方針に沿った分かりやすい表記に努めております。

その他、ベテランの職員についても、本書を片手に少年警察関係の最新の法令や通達を参照することで振り返りの機会に活用いただくなど、本書が第一線の少年警察活動の一助となり、ひいては我が国の将来を担う少年の健全育成に寄与することができれば幸いです。

令和５年４月

少年非行問題研究会一同

３訂版の発刊にあたって

前回の改訂から７年余が経過し、少年の非行や犯罪被害をめぐる状況も変化しつつある。

少年非行の状況をみると、刑法犯少年の検挙人員は年々減少しているが、全体に占める割合は高くないものの振り込め詐欺の検挙人員が増加したり、検挙人員に占める再犯者の割合が年々高くなったりしており、社会の耳目を集める凶悪な犯罪も依然として発生しているところである。

また、少年の犯罪被害の状況については、深夜に街中をはいかいしていて凶悪事件の被害に遭ったり、コミュニティサイトを利用していて児童ポルノや児童買春の被害に遭ったりするなど、大変憂慮すべきところである。児童虐待事案も年々増加している。

こういったことから、今後も引き続き少年の非行や犯罪被害の防止に向けた活動を積極的に進めなければならない。

本書は、そのタイトルのとおり少年警察の入門書として活用されているとのことを踏まえ、今回の改訂においても、当初の編集方針どおり、少年警察活動のエッセンスをできるだけ分かりやすくまとめたつもりである。

今回の改訂を機にさらに多くの警察職員に活用いただくことで、第一線の少年警察活動の一助となり、さらには我が国の将来を担う少年たちの健全な育成に少しでも寄与できれば幸いである。

平成28年７月

少年非行問題研究会一同

2訂版の発刊にあたって

平成19年11月1日から、警察官による触法事件調査に関する規定の整備等を内容とする改正少年法が施行された。これに合わせ、少年警察活動規則の大幅な改正が行われるとともに、調査関係の書式等も整備された。今回の改訂は、これを機会に、その他の部分も含め内容のアップデートを行うものである。

幸いにして、初版は幅広い皆さんに好意的な受け止め方をしていただいた。2訂版でも、初版の目指した「わかりやすさ」をできるだけ損ねないよう、努力したつもりである。

少年による社会を震撼させる事件の発生や、高水準で推移する児童虐待事件や児童ポルノ事件など、少年の非行と保護をめぐる情勢は決して予断を許さない状況にある。

本書が少年警察活動に携わる方々の一助となり、多少なりとも少年の健全育成に寄与することができれば幸いである。

平成20年10月

少年非行問題研究会一同

発刊のことば

近年、刑法犯認知件数は戦後最悪の水準で推移しており、とりわけ国民が身近に不安を感じている街頭犯罪が深刻化するなど、我が国の治安の悪化は誠に憂慮すべき状況にある。しかも、その中で少年犯罪は、刑法犯の約３分の１、街頭犯罪の約３分の２を占めるに至っており、まさに、「少年犯罪抑止は治安回復の鍵」であると言っても過言ではない現状にある。

このように、治安事象全体に占める少年事案の割合が高いことから、少年事案は、生活安全課の少年係だけでなく、地域課、刑事課、交通課等警察の各部門で日常的にこれを取り扱うところとなっている。

したがって、少年警察活動については、多くの警察官がこれを熟知しなければならないのであるが、少年法をはじめとした少年関係法令に定められた規定は大変分かりづらい。しかも、現行の警察教養の体系においては、必ずしも十分な時間が少年関係法令の理解、少年事案取扱い上の留意事項のために割けない実情にある。

卒業配置したばかりの新任警察官も、あるいは、これまで生活安全部門にかかわりを持てなかった新任の警察署長も、着任のその日から成人の取扱いとは全く異なる少年事案に取り組まなければならない。まして、新たに少年係・少年事件担当に命名された職員は複雑な手続を要する少年事案を責任を持って処理していかなければならないのである。

本書は、このような新任少年係員を主な対象と考えているが、そのほか、少年警察活動にまだ造けいの深くない方々にも少年警察活動の意義を広く知ってもらうために作成したものである。そのため、これまでの各種“少年事案処理の手引書”とは異なった観点から「少年警察活動の要点」を記した。

少年事案処理要領というより、少年警察活動そのものを理解してもらうための入門書であることから、必ずしも少年警察活動全般を網羅してはいない。また、最後まで通読してもらうことを一つの目的としていることから、できるだけ分かりやすい表現を用いており、中には、法律的には正確とはいえない文言を用いている部分もある。本書作成の趣旨にかんがみ、これらの点はご容赦いただきたい。

本書が、少年警察部門に進まれる方等の座右に置かれ、少年の健全育成、ひいては、我が国の将来のために少しでも役に立つことができることを願ってやまない。

平成16年12月

少年非行問題研究会一同

目　　次

第１　少年事案の取扱いは大人と何が違うのか

第２　非行少年・要保護少年の早期発見

第3　少年事件の捜査

第４　触法事件の処理要領

第５　ぐ犯事件の処理要領

第6 送致後の少年の処遇

第7 少年の立ち直り支援と少年非行防止

第8　少年の福祉を害する犯罪の取締り

第９　少年の保護対策

参考資料

第1

少年事案の取扱いは大人と何が違うのか

1　少年事案の取扱いを甘く考えるな！

1　少年問題の重要性

⑴　少年問題の重要性

刑法犯少年の年齢幅は14歳から19歳までと６年の年齢幅だけで、全刑法犯検挙人員の約１割を占めており、人口比、すなわち同年齢層の人口1,000人当たりの検挙人員では、令和４年は、20歳以上の者の1.5に対して、少年は2.3と高い水準になっている。

加えて、大麻事案で検挙される少年は、平成29年に比べ、令和４年は約3.1倍となっている。

この数字を知るだけでも、少年問題の重要性について分かってもらえるのではないだろうか。

⑵　少年問題は社会全体で対応する必要がある

少年非行の背景として、少年自身の規範意識の低下が挙げられ、その原因として、家庭、学校、地域社会における少年の規範意識を形成させる教育機能、あるいは非行に走った少年の立ち直りを支援する機能が低下しているということが指摘されている。

つまり、少年問題に対応するには、警察の力だけではなく、全てにおいて国民の理解と協力が必要ということだ。警察や関係機関だけでなく家庭、学校、地域社会全てが自ら積極的に取り組み、協力していかなければ、少年の非行を防止したり、少年を更生させたりすることはできないのである。

少年警察活動に携わる者は、自ら少年の規範意識の形成や立ち直り支援の先頭に立ち、関係機関と連携しつつ、家庭、学校、地域社会が本来有すべきこれらの機能の回復を図っていかなければならない。

2 少年事案取扱いの難しさ

⑴ 多種多様な背景

少年問題の背景については、例えば、家族の問題（核家族化、貧困、児童虐待）、学校の問題（いじめ、不登校）、社会の問題（インターネット、ＳＮＳの普及）等の多種多様な要因が潜んでいる。

⑵ 関係する法令が多い

少年事案の取扱いは少年法（昭和23年法律第168号）だけで完結するかというと、そうではない。少年の刑事事件については、刑事訴訟法（昭和23年法律第131号）や犯罪捜査規範（昭和32年国家公安委員会規則第２号）が適用される。触法少年※1やぐ犯少年※2の取扱いに際しては、児童福祉法（昭和22年法律第164号）が関係してくる。また、少年事案の取扱いを含む少年警察活動全体については、少年警察活動規則（平成14年国家公安委員会規則第20号。以下「規則」という。）をみなければならない。

⑶ 事件と対策が絡み合う

少年事件が発生すれば厳正に対処しなければならないが、これと同時に、事件に関わった少年をどのようにして立ち直らせるかも考えなければならない。

実際は、事件の取扱いも少年の立ち直り支援も、それぞれ一筋縄ではいかない。少年の事案だからといって甘い考えは禁物である。

※１　76ページ参照

※２　88ページ参照

2　少年警察活動の基本

規則第３条には、「少年警察活動の基本」として、

○　健全育成の精神

○　少年の特性の理解

○　処遇の個別化

○　秘密の保持

○　国際的動向への配慮

が定められている。少年警察活動に携わるに当たって、まずはこれらの意味するところを理解してもらいたい[※3]。

1　健全育成の精神の理解が少年警察の第一歩

刑事警察を始めとする各種の警察活動においては、被疑者の検挙までが警察の役割であることが少なくない。そして、検挙活動の意義も、犯人に対してそれにふさわしい刑罰を科すこと、被害者の被害を回復することなどにより社会正義を実現することが中心となる。

しかし、少年警察活動においては、悪質な犯罪を敢行した非行少年の検挙・補導においてさえ、その最終目的は当該少年の健全育成であることを忘れてはならない。

健全育成の精神

罪を犯した少年に対しては、基本にのっとり厳正な捜査を行う。それは

※３　規則第３条各号、「少年警察活動推進上の留意事項について（依命通達）」（令和４年３月31日付け警察庁乙生発第10号。以下「留意事項通達」という。）第１の２

それで正しい。しかし、さらにもう一歩。捜査活動とともに、少年の健全な育成を期する精神をもって、再度罪を犯すことのないように、少年を立ち直らせる努力をしなければならないのである。

しかし、少年を立ち直らせるのは容易なことではなく、警察だけでは到底不可能である。そのため、少年サポートセンター※4を中心として、学校や児童相談所等の関係機関・団体、民間ボランティア等と協力し取り組む必要がある。

また、立ち直り支援をしている少年が再度罪を犯すようであれば、現在の支援方法を見つめ直し、支援方法を変えるなどの対応が必要となる。

2 少年の特性をよく理解すること

⑴ 少年の基本的な特性について

凶悪な少年犯罪が社会の注目を集め、実際に悪質な事案ばかり取り扱っていると、少年も大人と何ら変わりがないと思いがちである。取り調べても全く動じもしないと、性格が凝り固まっていて、どうにも改善の余地がないと思うこともあろう。確かにそのような少年もいるにはいるのであろうが、やはり少年は一般的には未熟なのである。

心身共に成長期にある少年は、環境の影響を受けやすい。また、頭の中を整理する能力が不十分でうまく説明できなかったり、厳しく叱責されることによって、震え上がったりしてしまう者もいるだろう。このような少年の特性を十分に理解しておかなければならない。

⑵ 少年非行と発達障害について

近年では、少年非行と発達障害※5との関係について指摘する声もあ

※4　114ページ参照

※5　発達障害について、発達障害者支援法（平成16年法律第167号）では、「自閉症、アスペルガー症候群その他の広汎性発達障害、学習障害、注意欠陥多動性障害その他これに類する脳機能の障害であってその症状が通常低年齢において発現するもの」と定義されている。

その特性については「発達障害の理解のために」（厚生労働省 社会・援護局 障害保健福祉部）が参考となる。

る。

少年の特性の理解に際しては、とりわけこのような少年に対しては、その特性を的確に理解し、それに見合った対応をすることが重要となる。

そのため、少年補導職員等の心理職の資格を有する職員や関係機関と連携・協力し、少年がどのような特性を持っているかを的確に把握することが少年の立ち直り支援の第一歩となる。

3　処遇の個別化とはどういう意味か

一人一人の少年に対し、最も適切な処遇を個別に検討するということである。

20歳以上の者に対する刑事処罰においては、同様の罪を犯し、同様の情状が認められる犯人に対しては、同様の刑が科されることが原則である。確かに人それぞれが異なった状況、動機の下に罪を犯しているのであろうが、一般的には処遇の公平性が求められているのである。

一方、非行少年の処遇等においては、前述のとおり、処罰が目的ではない。少年の健全育成のために、最善の処遇を図ることが最終目的であるところ、どうすれば健全に育成できるかということは、一人一人の少年ごとに異なってくる。個々の少年の性格や動向、周囲の環境をよく見極め、非行の原因の究明や犯罪被害等の状況の把握に努め、その非行を防止し、少年を保護する上では何が最も適切な処遇の方法となるのかを考えなくてはならない。

4　秘密の保持に留意

地方公務員法（昭和25年法律第261号）に「秘密を守る義務」が規定されていることは御存じのとおりで、保秘の問題は何も少年警察活動に限ったことではない。

それをあえて規則において明示している理由は、取扱い上知り得た秘密が漏れることによって少年に与える影響が、大人のそれと比べてはるかに大きいと考えられるからである。

少年の特性で説明したとおり、未熟な少年は周囲の環境に影響を受けやすい。ちょっとしたうわさ話がもとで、仲間外れ、いじめ被害、不登校、校内暴力といった問題にもつながる。目的としていた少年の立ち直りを阻害してしまうこととなるので十分注意が必要である。

5　少年警察活動には国際的動向への配慮も不可欠だ

近年の少年警察活動の動向において特筆すべきは、児童の権利の擁護、福祉の増進、性的搾取の防止に対する国際社会の活発な動きがみられることである。

オンライン上の児童の性的搾取等に対する強い問題意識を背景に、児童の性的搾取等の撲滅に向けた世界会議が開催されるなど、世界的な取組が進められている。

児童の性的搾取等は国境を越え、爆発的な規模で発生し続けているところ、児童の心身に有害な影響を及ぼす犯罪に対しては、グローバルな対応が必要である。児童の性的搾取等の撲滅に向けた取組は、国際社会の共通課題であるといえる。

我が国も、国際社会における信頼を維持することはもとより、この分野での国際貢献を行うなど、現在我が国が保持する国際社会における地位にふさわしい行動をとる必要があり、これまで以上にその役割を果たし、その姿勢を世界に向けて丁寧に発信することが求められている。

とりわけ、国境を越えて行われる児童買春事犯や児童ポルノ事犯については、外国の捜査機関と連携した国際捜査の推進、情報交換等により、国際社会と協力してこれに対処していかなければならない。

少年警察活動に携わる者としては、これらの国際的な動向を踏まえ、国外における児童買春事犯、オンライン上の児童ポルノ事犯等の積極的な取締りに当たるとともに、児童の性的搾取等撲滅のための広報啓発を強力に推進する必要がある。

３　少年の定義あれこれ

1　そもそも「少年」とは？

少年、特定少年、犯罪少年、触法少年、ぐ犯少年、非行少年、不良行為少年…。これらは、少年警察活動の対象となる「少年」のことで、少年法第２条や規則第２条に定義されている。いくつもあって分かりにくいと思うかもしれないが、これらの区別は実務上とても重要なので、ぜひとも早めに理解してもらわなければならない。

そもそも「少年」とは何か。少年法第２条第１項では「20歳に満たない者」を「少年」と定義している。ところが、もう１つの重要な法令である児童福祉法第４条第１項では「満18歳に満たない者」を「児童」と定義し、それとは別に「小学校就学の始期から、満18歳に達するまでの者」を「少年」として定義している。また、各都道府県の青少年保護育成条例では、18歳未満の者を「青少年」と定義している。

法令の趣旨や目的によって定義は異なるが、少年警察活動においては、少年法と規則のとおり、20歳未満の者を少年として扱っている。なお、令和４年４月に施行された民法の一部を改正する法律（平成30年法律第59号。以下「民法一部改正法」という。）により、民法（明治29年法律第89号）第４条に定める成年年齢が18歳に引き下げられたが、少年法と規則においては、引き続き「20歳に満たない者」を「少年」と定義している。

2　家裁の調査・審判の対象となる少年

(1)　犯罪少年（少年法第３条第１項第１号）

皆さんが最も多く取り扱う犯罪少年、法律上の罪を犯した少年のことである。刑法（明治40年法律第45号）第41条において、「14歳に満たない者の行為は、罰しない」と規定されているので、結局「犯罪に該当する行為をした14歳以上20歳未満の者」ということとなる。

犯罪少年による事件の捜査は、少年法のほか刑事訴訟法が適用される。捜査した結果、犯罪の疑いがあると思われる場合には、検察官か家庭裁判所に送致される。その後も刑事裁判所に係属する可能性が認められている。

⑵ 触法少年（少年法第3条第1項第2号）

14歳未満で刑罰法令に触れる行為をした少年が触法少年である。既に述べたように、14歳未満の少年は刑事未成年者であり、その行為は罰することができず、刑事訴訟法も適用できない。

法文上は「14歳未満」としか書いていないから、仮に乳児が法に触れる行為をしたら触法少年ということとなるのだが、基本的には構成要件に該当する違法な行為を行ったことに対する故意・過失が必要であるから、良い悪いの弁別能力が認められるかどうかを個別に判断することとなる。一般には、小学生以上は触法少年として取り扱い、幼児であっても重要事案の場合は触法少年として取り扱うことがあるが、乳児を触法少年として取り扱うことはないだろう。そもそも少年法や児童福祉法上の措置を想定し得ないからである。

⑶ ぐ犯少年（少年法第3条第1項第3号）

罪は犯していないが、その性格又は環境に照らして、将来、罪を犯し、又は刑罰法令に触れる行為をするおそれがある少年をぐ犯少年という。

簡単に言うと「罪を犯すおそれのある少年」だが、

○ 保護者の正当な監督に服しない性癖のあること

○ 正当の理由がなく家庭に寄り付かないこと

○ 犯罪性のある人若しくは不道徳な人と交際し、又はいかがわしい場所に出入りすること

○ 自己又は他人の徳性を害する行為をする性癖のあること

の4つの要件のいずれかに該当していなければならない（ぐ犯事由）。また、罪を犯すおそれというのも、具体的な罪種についての蓋然性が相当に高いことが求められていて（ぐ犯性）、抽象的に罪を犯す可能性が

あるとか、いわゆる「不良」というだけではぐ犯少年にならないので注意が必要である。

⑷　特定少年（少年法第62条第１項）

令和４年４月に施行された、少年法等の一部を改正する法律（令和３年法律第47号。以下「少年法一部改正法」という。）により、「18歳以上の少年」について「特定少年」という新たなカテゴリーが設けられ、18歳未満の少年とは一部異なる扱いをされることとなった。

従来、少年による罰金以下の刑の罪に係る事件は家庭裁判所に直接送致していたが、特定少年については全件検察官に送致又は送付することとなったこと、ぐ犯少年の対象から除外されたこと、原則逆送対象事件の範囲が拡大されたことなど、特定少年は18歳未満の犯罪少年とは一部異なる対応が求められることに注意しなければならない。

3　規則で定義付けている少年等

⑴　非行少年（規則第２条第６号）

犯罪少年、触法少年、ぐ犯少年を総称して、「非行少年」と規定している。言い換えれば「審判に付すべき少年」、すなわち「家庭裁判所の調査・審判の対象となる少年」である（少年法第１条に記されている「非行のある少年」）。

⑵　不良行為少年（規則第２条第７号）

非行少年には該当しないが、飲酒、喫煙、深夜はいかいその他自己又は他人の徳性を害する行為（不良行為）をしている少年を「不良行為少年」と規定している。

「不良行為」の内容としては、少年補導票の行為種別欄に列挙されているもの、つまり、飲酒、喫煙等の17種類と各都道府県で指定したものである[※6]。そのまま放置すれば、非行その他健全育成上の支障が生じるおそれがある少年なので、補導の対象となる。

※６　「「不良行為少年の補導について」の制定について」（平成20年10月17日付け警察庁丙少発第33号）

⑶ 被害少年（規則第２条第８号）

犯罪その他少年の健全な育成を阻害する行為により被害を受けた少年を「被害少年」と規定している。

犯罪としては、福祉犯※7が典型的なものとなろう。「少年の健全な育成を阻害する行為」としては、不良行為に該当する「粗暴行為」や「性的いたずら」等が考えられる。

⑷ 要保護少年（規則第２条第９号）

児童福祉法による福祉のための措置又はこれに類する保護のための措置が必要と認められる少年（非行少年又は児童虐待を受けたと思われる児童に該当する場合を除く。）を「要保護少年」と規定している。

つまり、環境や性格等から考えて、保護・福祉的措置を要する少年である。

⑸ 児童虐待を受けたと思われる児童（規則第２条第10号）

児童虐待の防止等に関する法律（平成12年法律第82号。以下「児童虐待防止法」という。）第２条に規定する児童虐待を受けたと思われる児童を「児童虐待を受けたと思われる児童」と規定している。

従前の規則においては要保護少年の中に児童虐待を受けたと思われる児童が含まれていたところ、令和４年４月に施行された犯罪捜査規範及び少年警察活動規則の一部を改正する規則（令和４年国家公安委員会規則第１号）により、児童虐待を受けたと思われる児童についての活動に関する規定（規則第39条）と共に児童虐待を受けたと思われる児童の定義に関する規定が新たに設けられた。

⑹ 低年齢少年（規則第２条第11号）

14歳未満の者を「低年齢少年」と規定している。

触法少年は全て低年齢少年であるし、ぐ犯少年についても14歳に満たない者であれば低年齢少年ということとなる。

⑺ 保護者（少年法第２条第２項、規則第２条第12号）

少年の取扱い上「保護者」という言葉が頻繁に出てくる。一般的には

※７　128ページ参照

親ということとなるが、少年法第２条第２項では「少年に対して法律上監護教育の義務ある者」と「少年を現に監護する者」と規定しており、幅が広い。

前者を法律上の保護者といい、具体的には、親権者、未成年者後見人、児童福祉施設の長等が挙げられる。この立場にあれば、現実に少年と同居していなくとも保護者に該当する。

後者は事実上の保護者で、住込み就労先の雇い主、寮の責任者、里親等が挙げられる。一方、勤務先の雇い主や学校の先生は、一般的には全人格的に監督・監護しているとはいえないので、保護者とは認められない[※8]。

※８　特定少年については、民法の成年年齢の引下げにより、監護権（民法第820条）の対象から外れることから、法律上の保護者は存在しない。他方で、特定少年の事実上の保護者について、法律上存在するという解釈と、法律上存在しないという解釈があるが、一般的に、後者の説が主流となっている。

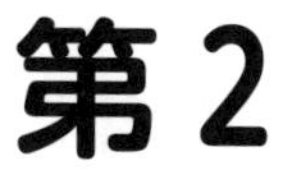

第2

非行少年・要保護少年の早期発見

1　不良行為少年の補導

1　不良行為少年の補導の意義

少年の非行を防止するためには、その前兆を認知し、早期に的確な対応策を講ずることが重要である。

不良行為少年に対する補導活動※1を効果的に推進し、不良行為の段階で注意や助言、指導を的確に行うことにより、少年非行あるいは少年自身が犯罪被害等に遭うことを防止できるのである。

2　少年補導票を作成する場合とは

不良行為少年を発見し、少年本人に注意や助言をしたが、それだけでは十分でないと認められた場合は、保護者に連絡をする（以下「保護者連絡」という。）。

この保護者連絡が必要と認めるケースにおいて、少年補導票を作成する。

どのような場合に保護者連絡をするかの判断については、警察署であれば生活安全担当課長等が行う。

また、保護者連絡は、原則として少年係において行う。

このため、少年補導票の保護者連絡に関する項目は少年係において記入することとされているのだが、例えば、地域課員等の生活安全課員以外の警察官等が不良行為少年を補導し少年補導票を作成する場合に、逐一少年係の指示を受ける必要はない。他課員において保護者連絡が必要だと認めたならば、少年補導票を作成して差し支えない。保護者連絡の要否は、最

※1　「「不良行為少年の補導について」の制定について」（平成20年10月17日付け警察庁丙少発第33号）

終的には作成された少年補導票を基に原則として生活安全担当課長等が判断し、少年係が連絡する。

また、令和４年４月に施行された少年法一部改正法により、18歳及び19歳の少年については「特定少年」として扱われることとなったが、特定少年も引き続き補導の対象とし、保護者連絡が必要な場合は、従来、少年の保護者として連絡していたであろう者に連絡することとなる。

3　不良行為の「代表」～喫煙・深夜はいかい

不良行為は17種類に類型化されているが、不良といえば夜中にたむろしてたばこを吸っているというイメージどおり、喫煙と深夜はいかいで補導される少年が圧倒的に多い。令和４年中の補導件数のうち、この２種類だけで約80パーセントを占めている。喫煙や深夜はいかいで補導する際は、次の３つのことに注意してもらいたい。

⑴　いわゆる電子たばこ・加熱式たばこを吸引・所持している少年を発見したときの措置について

二十歳未満ノ者ノ喫煙ノ禁止ニ関スル法律（明治33年法律第33号）上の「煙草」とは、たばこ事業法（昭和59年法律第68号）第２条第３号に規定する製造たばこと同義であり、「葉たばこを原料の全部又は一部とし、喫煙用、かみ用又はかぎ用に供し得る状態に製造されたもの」をいう。

最近では、電子たばこや加熱式たばこが出回っている。

電子たばこは、専用カートリッジに入った液体を電気的に霧状にして吸引するもので、カートリッジ内の液体にニコチンが含まれているものもある。そのニコチンは葉たばこを原料としたものや化学的に合成したものがあり、葉たばこを原料としたニコチンが含まれている場合には、二十歳未満ノ者ノ喫煙ノ禁止ニ関スル法律上の煙草に該当するが、そうでないものは該当しない。

加熱式たばこは、粉末化した葉たばこを成形したスティック、カプセルを電気的に加熱あるいは蒸気により気化させることで葉たばこの成分を吸入するもので、二十歳未満ノ者ノ喫煙ノ禁止ニ関スル法律上の煙草に該当する。

加熱式たばこを吸引、所持している少年を発見した場合は補導措置とする。一方、電子たばこの場合には、カートリッジ内の液体に葉たばこを原料としたニコチンが含まれていれば喫煙行為として補導措置、葉たばこを原料としていないニコチンが含まれていれば薬物乱用行為として補導措置も考えられるが、一見して葉たばこを原料としたニコチンが含まれているか判別は難しい。しかし、カートリッジ内の液体には、ニコチンのほかに心身に有害な影響を及ぼすような成分が含まれているものもあり、喫煙等不良行為のきっかけとなったり、健康被害を生じさせたりするおそれも考えられることから、電子たばこの吸引行為を中止するよう口頭指導を行うことが適当である。

(2)　高額な喫煙具等の処置はどうするか

補導の対象となる「喫煙」には、たばこを吸うことだけでなく、吸う目的でたばこや喫煙具を所持する行為が含まれている。二十歳未満ノ者ノ喫煙ノ禁止ニ関スル法律には、たばこや喫煙具の没収規定があるが、手続規定がなく同法を適用して没収することは行われていない。現実には、たばこについては、少年に説諭して自主廃棄させていることと思う。

では、加熱式喫煙具等はどうするのか。いずれにしても吸う目的で持っていたわけだから、少年から引き離すことが必要だ。安価なものなら、説得して本人が応じれば捨てさせても問題はないだろうが、加熱式喫煙具等のように値が張り、廃棄させるわけにはいかないときは、保護

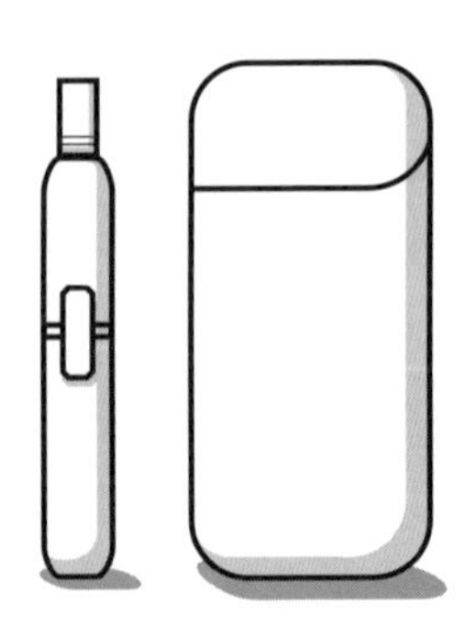

者に渡すよう指示するか、保護者を呼んで渡すこととなる。

なお、少年がたばこの自主廃棄に応じない場合も同様に対応することとなる。

不良行為少年の種類別補導人員数（令和4年）
（単位：人）

種別	人員
総数	297,078
深夜はいかい	150,948
喫煙	87,165

⑶ 深夜に外にいるだけではダメだ

「深夜はいかい」とは、「正当な理由がなく、深夜に屋外をはいかいし又はたむろする行為」をいう※2。「深夜」についての明確な規定はないが、各都道府県の条例等において、おおむね午後10時ないし11時頃から、翌日の午前4時ないしは5時頃までの間とされている。

「正当な理由がなく」という文言が冠されているが、昔なら、夜明け前の牛乳配達や新聞配達で少年が真夜中に外にいるくらいであったが、今時なら、午後10時過ぎまで塾で勉強していて、その帰りに、空腹を満たすためコンビニで買ったパンを公園のベンチに座って食べている少年等も想定されるだろうか。このような少年を見掛けたら、声を掛けて事情をよく聞いた上、「深夜はいかい」に当たらない場合には、補導ということではなく、夜道に気を付けて帰宅するようにアドバイスをしてあげるべきだ。

4 犯罪にはならないが…

喫煙や深夜はいかいのほかに、「粗暴行為」、「薬物乱用」、「刃物等所

※2 「「不良行為少年の補導について」の制定について」（平成20年10月17日付け警察庁丙少発第33号）

持」、「性的いたずら」等、何らかの刑罰法令に触れそうなものがある。

⑴　粗暴行為

「粗暴行為」は、「放置すれば暴行、脅迫、器物損壊等に発展するおそれのある粗暴な行為」と説明されているから、犯罪までには至らないものといえる。軽犯罪法（昭和23年法律第39号）第1条第13号に規定された「公共の場所において多数の人に対して著しく粗野若しくは乱暴な言動」というのにも該当しないが、社会通念上、他人に迷惑を掛けていると認められるものでなければならない。若者が虚勢を張って怒鳴り散らしているというのが具体例として挙げられると思われるが、警察官の質問に対して粋がって暴言を吐いたというだけでは補導の対象にならないだろう。

⑵　薬物乱用

「薬物乱用」といっても、まさか覚醒剤乱用少年を補導で済ますわけにはいかない。しかし、シンナーやトルエン等、単純所持が禁止されていないものや、大麻のように使用罪がないものの場合には、必ずしも全て検挙できるとは限らない。

状況によっても異なるが、大麻を使用した少年を発見し、あらゆる捜査を尽くしたが、大麻自体の発見に至らず、立件できない場合等は補導をすることとなる。

このほか、法令上必ずしも使用や所持が禁止されていないが、乱用が少年の心身に有害な薬物については、補導の対象となる。危険ドラッグ（指定薬物に該当しないもの）や、「睡眠薬」等の乱用がこれに当たる。

⑶　刃物等所持

刃物の携帯を禁止する法令としては、銃砲刀剣類所持等取締法（昭和33年法律第6号）と軽犯罪法が、木刀や鉄棒等人の身体に危害を加えるおそれがあるようなものの携帯を禁止する法令としては軽犯罪法がある。そもそも、少年補導の対象は「非行少年に該当しない不良行為少年」なので、銃砲刀剣類所持等取締法で携帯が禁止されている

刃物、例えば刃体の長さが7センチのカッターナイフを正当な理由なく持っていた場合は、不良行為ではなく犯罪となる。

軽犯罪法の「凶器携帯」の構成要件と、不良行為の「刃物等所持」の態様とはほとんど同じで、違いは「隠して携帯」したかどうかである。刃体の長さ4センチのナイフを、正当な理由なく「隠して携帯」していたら、軽犯罪法違反である。ところが、手に持っていたというのなら、軽犯罪法違反には問えないだろう。

刃物等の所持は重大な非行の入口である。したがって、所持していた刃物等は自主廃棄させるか保護者に引き渡すとともに、保護者や学校関係者と連携して、その後のフォローアップがなされるようにする必要がある。

重大な非行につながるおそれが高いだけに、積極的に措置することが大切である。

5　公営競技場とは競馬場等のことだ

管内の不良行為少年の実態を把握するため、あるいは以後の補導計画を策定するため、不良行為が行われた場所（行為場所）をきちんと把握することは重要である。

行為場所欄の判断に悩むことは少ないとは思うが、念のため「公営競技場」について触れておこう。

「公営競技場」とは、競馬場、競輪場、競艇場、オートレース場、それらの場外の発券所等を指しており、「県営陸上競技場」等はここでいう公営競技場には当たらない。

6　ノンアルコール飲料や電子たばこは補導できるのか

現在、健康志向の高まり等からノンアルコール飲料の商品が増えている。また、見た目はたばこにそっくりでもニコチンやタールを含まない電子たばこやポケットシーシャ等と呼ばれているものを使用する者も増えてきている。

これらのものは、味や見た目が補導対象となる酒やたばこに似ていることから、補導したいところではあるが、似ているというだけで何も考えずに補導することがあってはならない。

二十歳未満ノ者ノ喫煙ノ禁止ニ関スル法律上の「煙草」とは、たばこ事業法第2条第3号に規定する製造たばこと同義であることは既に述べた[※3]が、同様に、二十歳未満ノ者ノ飲酒ノ禁止ニ関スル法律（大正11年法律第20号）上の「酒類」とは、酒税法（昭和28年法律第6号）第2条第1項に規定する「酒類」と同義である。具体的には、「たばこ（製造たばこ）」に該当するか否かは「葉たばこを原料の全部又は一部に使用」しているかどうか、「酒類」に該当するか否かは「アルコール分が1度以上」あるかどうかで決まる。

つまり、街頭で少年がノンアルコール飲料を飲んでいたり、電子たばこを使用したりしていても「酒類」や「たばこ（製造たばこ）」に該当しなければ補導対象とはならないのである。

しかし、だからといって20歳未満の者が積極的にノンアルコール飲料を飲んだり、電子たばこを使用したりしてもよいかというと決してそうではない。

中には、微量のアルコール分を含んでいたり、発育途中の20歳未満の者の身体にとってどのような影響があるかがはっきりしていない成分が含まれていたりすることもあることに加え、これらに触れることで、酒やたばこに興味が湧き、飲酒や喫煙につながりかねないのである。そのため、販売店等には清涼飲料水売場ではなく、アルコール売場に陳列するなどの20歳未満の者の目に触れる機会を少なくするような工夫や20歳未満の者への販売自粛等の協力を依頼することが重要である。

なお、不良行為の種別及び態様については次表のとおりである。

※3　15ページ参照

不良行為の種別及び態様

次の行為であって、犯罪の構成要件又はぐ犯要件（少年法第3条第1項第3号に規定されたぐ犯事由及びぐ犯性をいう。）に該当しないものの、そのまま放置すれば、非行その他健全育成上の支障が生じるおそれのあるものをいう。

種別	態様
飲酒	酒類を飲用し、又はその目的で所持する行為
喫煙	喫煙し、又はその目的でたばこ若しくは喫煙具を所持する行為
薬物乱用	心身に有害な影響を及ぼすおそれのある薬物等を乱用し、又はその目的でこれらの物を所持する行為
粗暴行為	放置すれば暴行、脅迫、器物損壊等に発展するおそれのある粗暴な行為
刃物等所持	正当な理由がなく、刃物、木刀、鉄棒その他人の身体に危害を及ぼすおそれのあるものを所持する行為
金品不正要求	正当な理由がなく、他人に対し不本意な金品の交付、貸与等を要求する行為
金品持ち出し	保護者等の金品を無断で持ち出す行為
性的いたずら	性的ないたずらをし、その他性的な不安を生じさせる行為
暴走行為	自動車等の運転に関し、交通の危険を生じさせ、若しくは他人に迷惑を及ぼすおそれのある行為又はこのような行為をする者と行動を共にする行為
家出	正当な理由がなく、生活の本拠を離れ、帰宅しない行為
無断外泊	正当な理由がなく、保護者に無断で外泊する行為
深夜はいかい	正当な理由がなく、深夜にはいかいし又はたむろする行為
怠学	正当な理由がなく、学校を休み、又は早退等をする行為
不健全性的行為	少年の健全育成上支障のある性的行為
不良交友	犯罪性のある人その他少年の健全育成上支障のある人と交際する行為
不健全娯楽	少年の健全育成上支障のある娯楽に興じる行為
その他	上記の行為以外の非行その他健全育成上の支障が生じるおそれのある行為で、警視総監又は道府県警察本部長が指定するもの

2　街頭補導

1　非行防止に効果の大きい街頭補導

少年の健全な育成を図るためには、不良行為少年をできるだけ早く発見し、正しい方向に導くことが大切である。不良行為から非行に移らないようにするということである。

不良行為少年を見つける手段には様々あるが、何といっても街頭補導によるところが大きい。非行が行われやすい場所に、こちらから積極的に出向いて行う街頭補導は、不良行為少年を発見し補導することで非行を未然に防止することができる最も効果的な非行防止活動なのである。

2　街頭補導実施上の留意事項※4

(1)　街頭補導の声掛けは職務質問とは異なる

街頭補導は、問題のありそうな少年を見つけて声を掛けるので、外見的には職務質問に非常によく似ている。しかし、少年の健全育成の精神の下、非行防止を目的として声を掛ける街頭補導と、犯人を検挙することや声掛けによって犯罪を抑止することを目的とした職務質問とは根本的に異なっているのである。

職務質問は警察官職務執行法（昭和23年法律第136号）第2条第1項に規定されており、「何らかの犯罪を犯し、若しくは犯そうとしていると疑うに足りる相当な理由のある者又は既に行われた犯罪について、若しくは犯罪が行われようとしていることについて知っていると認められ

※4　留意事項通達第3の1

る者」、すなわち、不審者と参考人がその対象である。それに対し、街頭補導は規則第７条に規定されており、いわば「不良行為をしている少年あるいはしようとしている少年」が対象であるから、職務質問とは全く違うと心得なければならない。

ただし、平素の街頭活動において、「これは職務質問」、「これは街頭補導」と明確に分けることは難しい。いずれにせよ、職務質問を相手の権利を侵害することがないよう行わなければならないのと同様に、街頭補導についても、相手の権利を不当に害することのないように十分配慮しつつ行わなければならない。

⑵ 警察だけでやろうとしない

街頭補導は、基本的には警察の仕事である。しかし、警察の力だけで、街頭補導の効果を十分に上げるのは困難である。一方で、学校等の教育機関の関係者や、少年の健全な育成のための活動を行うボランティア等も少年の取扱いについては相当に経験を積んでいる。その力を借りた方が少年に不必要な不安感を与えずに済むこともある。

したがって、街頭補導を行うに当たっては、これら関係者の協力を求めることも重要となる。

⑶ 奇異の目で見られることのないように

集団でたむろして誰の目にも明らかに不良行為を行っている少年等に対しては、“人目に付かないように”声を掛けるといっても難しい面があるだろう。しかし、通常は少年の心情を考えて、声掛けや事情聴取、注意助言をするに当たっては、少年の立場を十分考慮しなければならない。

例えば、周囲にいる人々から、「あの少年、何か悪いことをして私服の刑事に捕まったみたいだ」と思われるような状況にしてはならない。そのためにも、できる限り人目に付かないような場所を選ぶ、場合によっては、場所を移動するなどの配慮も必要だろう。

⑷ 声掛けの技を磨こう

職務質問ではないのだから、犯罪を追及するかのような調子は望ましくない。こちらの声掛けに対して、反抗されたり、明らかにうそをつかれたり、無視されたり、黙秘されたりすることもあるだろう。しかし、それで引き下がっていては警察職員とはいえない。話題の向け方等に工夫し、気持ちを解きほぐすように努力して、街頭補導の目的を達成するようにしてもらいたい。

3　地域警察官による街頭補導

街頭補導の大半は地域警察官によって行われており、特に深夜はいかい等に対する地域警察官の街頭補導は非行防止に大きく貢献するものである。ただし、一定の注意が必要である。

少年係員やボランティア等による街頭補導は、非行が行われやすい場所等に私服で赴き、集まっている少年に声を掛けて発見していくというものである。これに対し、地域警察官の街頭補導は、制服姿で通常勤務を通じて行うのが基本であることから、補導の対象か否かがはっきりしない者に声を掛けると、周囲から奇異の目で見られるおそれがある。それは、必ずしも好ましいとはいえない。

実際は、不良行為が外形的にもある程度明らかな少年に声掛けをすることが多くなるだろうが、前述のように、できるだけ少年に精神的な負担を与えないように配慮してもらいたい。

3 少年相談

1 少年相談の目的は

警察では、少年や保護者その他の関係者から、「非行から足を洗いたい」、「子供の不登校で悩んでいる」、「娘が大人の男から性的なことをされた」などの相談を受けることも多い。これに対し、適切な指導・助言を行う、あるいはより良い対応が可能な機関を紹介することで少年の立ち直りや非行の防止を図ることが少年相談の目的である。

少年相談件数（令和4年）

（単位：件）

	非行問題	学校問題	家庭問題	交友問題	犯罪被害	自殺関係	その他	総　数
少年自身	832	1,051	6,665	2,531	3,717	127	4,027	18,950
保 護 者	5,582	4,217	21,478	2,713	4,117	225	5,663	43,995
そ の 他	4,095	2,502	8,059	698	1,740	193	5,082	22,369

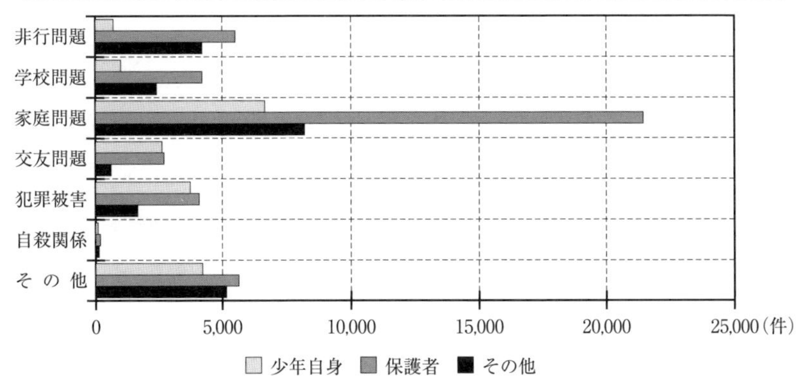

少年相談の件数は年間約8万件以上ある。それぞれ、少年本人の立ち直りたいという気持ち、保護者の子供を更生させたいという気持ちが込もった、少年本人あるいは保護者から警察に助けを求める切なる心の叫びである。少年相談には、相談者がこういう気持ちであることを理解した上で対

応してもらいたい。

2　交番で受理した場合はどうするのか

交番で勤務員等が相談を受けた場合、できればその場で指導・助言するなど、迅速で、適切な対応をすることが望ましい。相談者は、「警察官なら誰でも相談に乗ってくれる」と思って来訪する。だから、うっかり「それは私の担当ではない」などと言ってしまうと、「たらい回し」となってしまう。

しかしながら、相談には奥が深いものも多い。その場限りで対応できそうに思われても、じっくりと聞かなければならないものもある。そこで、少年相談は、原則として少年警察部門で取り扱うものとされている。

したがって、交番で相談を受けた場合は、少年警察部門に引き継ぐのが基本である。自分で処理する方が適当だと判断した場合でも、所属長に報告し、かつ、少年警察部門に連絡することとなっている※5。

交番で受理した場合は、引き継ぐことを念頭において相談に対応しよう。そうしないと、「たらい回し」になってしまうので注意してもらいたい。

3　相談者の意見や希望を尊重しよう

相談には、「どうしたらよいのか皆目見当がつかない。何とかすべを教えて」というものもあれば、「○○というようにしたい。協力してほしい」というものもある。前者のような相談であれば、警察で一から助言・指導をしていくこととなるから責任重大ではあるが、こちらのノウハウを十分いかしながら進めることができるので、ある意味では対応しや

※5　留意事項通達第3の2

すい。

一方、後者のような相談については、相談者が考えている手段や方法よりも明らかに別の手段や方法の方が適当と思われる場合や、そもそも少年の立ち直りや非行の防止と関係がないという場合があり、対応が難しいということがあり得る。

少年相談は間口が広いので、様々なものがある。中には、「お嬢さんは何も悪くないじゃないですか」、「その方法ではだめじゃないでしょうか」と言いたくなることもあるだろうが、いきなり否定するようなことはせず、相談に訪れた相手の気持ちを察し、まずは、相談者の意見や希望を聞いてもらいたい。相談者の言うことをよく聞いて、対話の中で少しずつこちらの意見やアドバイスを伝えて、より良い方向に導くことが重要である。

4　相談の解決のために情報を十分に収集する

警察で話を聞いてもらうだけですっきりしたという人も中にはいるだろうが、少年相談は、相手の言うことを聞いていればよいというものではない。

話のうわべだけで判断し、過去の似たような事例のときと同じ意見を言うだけでは解決しない。それぞれの相談、それぞれの少年によって解決策は異なるのであるから、まずは相手の話をよく聞いて、少年の経歴、環境、現に起きている問題行動それぞれに関する情報を十分に収集する。その上で、解決策を見いださなければならない。

5　関係機関への引継ぎには十分注意しよう

地域課から少年警察部門への引継ぎ等の警察部内の引継ぎはともかく、他機関に引き継ぐ場合は、部外であるというだけでなく、引継ぎ先の顔が見えていないことが多いから、十分注意する必要がある。

警察以外の機関が対応した方が適当と判断した場合は、まず相談者にその理由をきちんと説明し、納得してもらう必要がある。その上で、適当な機関に引き継ぐに当たっては、その機関の担当者と連絡を取り、相談受理体制を確認する。できれば、相談者本人と話をさせるといった配慮をすべきである。

また、日頃から関係機関の担当者と情報交換を行うなどし、顔の見える関係を構築しておくことも重要である。

4 家出少年の発見保護

1 家出少年の発見保護はなぜ大切か

家出をした少年が一人で規律正しい生活を送っているということは、まずあり得ないだろう。生活費が足りなくなり食べる物にも困って、これを得るために非行に走ったり犯罪の被害に遭ったりする。だからこそ、早く発見保護することが必要なのだ。

家出をして一人になると、人恋しくなるのが人情である。また、泊まるところにも困るだろう。そのため、コミュニティサイトやＳＮＳ等を利用して出会いや援助を求めてしまうことにもなる。その結果、ＳＮＳで知り合った者を頼り、又は繁華街等の家出少年が集まる場所へ行き、犯罪行為を行ったり援助交際やパパ活による性的被害を受けたりする。

つまり、家出少年を早期に発見し保護するということは、少年の非行防止だけでなく、犯罪被害の防止のためにも大切なのである。また、家出少年を発見保護したら、その少年の立ち直りを支援することも重要である。

2 家出少年はどこに？

家出少年はどこへ足を運ぶだろう。傷心旅行のように静かな山間の地を訪れるなどということはあまり聞かない。人混みに紛れることができて、便利で楽しい憧れの都会を目指すのが通常ではないだろうか。そして、繁華街をはいかいし、ターミナル駅周辺、インターネットカフェ、カラオケボックス、コンビニエンスストア、ゲームセンター等に立ち寄る可能性が高い。したがって、これらの場所における補導活動を強化することが求められる。

3　家出少年を早期に発見保護するために※6

(1)　少年が立ち寄る可能性の高い場所等に対する発見活動

発見活動を効果的に実施するため、必要により少年サポートセンターを中心として、少年警察ボランティアや学校関係者等と連携し、捜索体制を確立するとともに、インターネットカフェ、コンビニエンスストア等少年が立ち寄る可能性が高い場所やその周辺を重点的に捜索することが重要である。

また、最近では、家庭や学校に居場所のない少年等がＳＮＳで集合を呼び掛けるなどして、同じように居場所のない少年等が大勢たむろする「界隈」と呼ばれる場所が全国的に散見されるようになっている。

このような場所では、居場所のない少年だけでなく、その少年を食い物にしようと考える輩も集まり、犯罪の温床となっている場合もある。

しかし、ただ単純に少年らがたむろする場所に対する取締りを強化し、解散させるだけでは意味をなさない。新たなたむろできる場所を見つけてそこに集まるだけである。

自治体を始めとする関係機関と連携を図りながら、少年たちが集まる原因・背景を究明し、継続補導等による立ち直り支援活動につなげることが重要である。

(2)　サイバーパトロールによる発見活動

前述のとおり、最近では、ＳＮＳを通じて少年たちが同世代に集合を呼び掛けたり、家出をした少年がＳＮＳで宿泊先募集の投稿、いわゆる「神待ち」投稿をしたりすることも多く、そこで知り合った大人から性犯罪や誘拐等の被害に遭うことも多くなっている。

そのため、サイバーパトロールを強化し、神待ち投稿等をした少年に対する指導を行い、未然に犯罪の被害を防止することが重要である。

※6　「家出少年発見保護活動上の留意事項について（通達）」（平成31年３月20日付け警察庁丁少発第167号）

4 民間や地域社会の協力が不可欠

家出少年はとにかく早期に発見し保護することが第一であるので、少年警察ボランティアや関係事業者といった民間や地域社会の協力が不可欠である。

⑴ 発見したときの通報の依頼

犯罪を目撃したならば、多くの人が通報してくれるであろうが、家出少年らしい少年を発見した場合も、同じように通報してくれるであろうと考えていてはいけない。

前述の駅はもちろんであるが、家出少年が立ち回ることが多いと考えられるターミナル駅、インターネットカフェ、カラオケボックス、コンビニエンスストア、ゲームセンター、24時間営業のファーストフード店等長く滞在できる飲食店、宿泊代金の安いホテル等に対し、家出少年ではないかと思われる少年を見つけた場合には、110番等により通報するよう協力依頼をしておくこと。

⑵ 速やかな届出

子供が家出をしたと知れば、多くの親は警察に届け出る。だが、中には、自分たちだけで捜そうと考える親もいるであろう。

しかし、「たかが家出」ではない。自殺や自傷他害のおそれがあるとまでいかなくても、様々な犯罪、とりわけ少年については福祉犯の被害者となる可能性もある。したがって、家出の可能性があれば速やかに届け出るよう、日頃から機会あるごとに広報しておくことも必要である。

5 家出少年保護措置上の留意事項

家出少年は「捕まえて」家に帰せばよいというものではない。家出の原因が虐待等親にある場合もあるので、保護者に連絡して引き渡す場合にも注意しよう。少年の人権を尊重し、その心理や特性に配慮した上、個々の事情に応じた保護措置を講じなければならない。

⑴　原因の究明

家出に至る経緯を十分調査し、その原因究明に努める。

家出の理由が単純な現実逃避というのはそんなにあるものではない。恐喝、脅迫等の犯罪被害から逃れようとしている、友達からのいじめや親からの虐待に耐えられない、学校・職場における人間関係の悩み等本人にとっては本当に深刻な問題が理由というケースも少なくないであろう。これらによって、何らかの被害や精神的打撃を受けている可能性があることを念頭に置き、思いやりの心を持って臨もう。

⑵　継続補導・立ち直り支援活動の推進

家出少年を立ち直らせるためには、その原因を取り除いてやることが重要である。しかし、方法を間違えるともっと傷が深くなってしまう。だから、少年の性格、行状、家庭環境等を踏まえた対応が必要である。少年補導職員、少年警察ボランティア、学校関係者等によるサポートチームを結成し、継続補導や立ち直り支援活動を推進することも必要となる。

⑶　児童相談所への通告

保護者に監護させることが不適当であると認められる18歳未満の少年は、児童相談所に通告する。少年を立ち直らせるためには、関係機関としっかり連携し、適切に対応しよう。

5 福祉犯被害少年の発見保護

1 福祉犯の被害少年を発見するには

福祉犯の被害少年を発見するということは、すなわち福祉犯の端緒を入手するということにもなる。

少年は確かに被害者であるが、中には自ら進んで危険に身をさらし、被害者になってしまう少年もいる。被害者に被害意識がなく、加害者にも加害意識がないことすらある。したがって、通常の犯罪被害のように自ら警察に被害を申告するということが少ない。そこで、福祉犯の被害に遭いやすい少年の利用しそうな場所やネット空間にアンテナを張って情報を収集し、被害少年の早期発見に努めなければならない。

⑴ サイバーパトロール

最近では、ＳＮＳを始めとするインターネット上に福祉犯の端緒となる情報が数多く掲載されている。サイバーパトロールにより、こういった情報をキャッチすることも重要である。

例えば、児童が援助交際を求める不適切な書き込みや児童ポルノを販売する書き込み等の発見が福祉犯の端緒となる。

⑵ 風俗営業所等への立入りや視察

児童が、深夜に仕事をさせられたり有害業務に就かせられたりしていないかどうかという視点から、風俗営業所や性を売り物とする営業所等への立入りや視察を行う。立入りに際しては、備付け簿冊の確認と質問を行い、不審点があればこれを追及し、被害少年を発見してほしい。

⑶　少年サポートセンター[※7]との連携の強化

少年相談や継続補導における少年、保護者の言動、交友関係、所持品等から福祉犯の被害が判明することがある。少年相談や継続補導に当たる少年サポートセンターと連携し、これらの情報を入手しよう。

⑷　投書、風評や他事件捜査等からの端緒入手

投書、風俗店等に関する風評や従業員募集広告等は、福祉犯の重要な端緒である。また、家出少年からの事情聴取、他事件の捜査、各種の相談、巡回連絡や職務質問等も福祉犯の端緒を入手するチャンスである。

2　福祉犯の被害少年保護に当たっての留意事項

⑴　少年の特性に配慮

警察は少年を被害者と思っていても、少年に被害の認識がなかったり未熟であったりするため、反発したり非協力的な態度に出たりすることもある。自分を大切にすることを懇切に説くなど、少年の特性に配慮しよう。

⑵　事情聴取における配慮

福祉犯は性的な問題を含むものであるから、被害少年本人があっけらかんとしているような場合でも、被害少年が希望する性別の警察官に事情聴取を担当させるなどの配意が必要だ。

⑶　支 援 活 動

福祉犯の被害により心身に有害な影響を受けた少年に対しては、少年補導職員等によるカウンセリングや、児童相談所等の関係機関と連携した支援活動を実施する。福祉犯の被害少年を、単なる立件のための参考人であるなどと考えてはいけない。

※7　114ページ参照

6 児童虐待の被害児童の発見保護

1 潜在化しがちな児童虐待

児童虐待は、主として家庭内で起こることから潜在化しやすい。しかも、被害者が加害者（主として親である保護者等）の庇護なしでは生きていけない弱い立場にあるため、自主的な被害申告が望めない。これらの事情から、関係機関において早期に発見することが非常に困難となっている。

2 児童虐待を見逃すな

その一方で、児童虐待の端緒情報には警察職員の誰もが接する機会がある。

児童虐待防止法第5条第1項には、「児童虐待を発見しやすい立場にある者」として、学校の教職員、児童福祉施設の職員、医師、歯科医師、保健師、助産師、看護師、弁護士、警察官、婦人相談員が例示されている。

当事者の家への巡回連絡はもちろんであるが、むしろ、周囲の家への巡回連絡における雑談から端緒を得られるかもしれない。また、学校警察連絡会議等において、先生から、「非行の問題というわけではないのですが…」などと相談されるかもしれない。また、平素から警察医を始めとした医療関係者と懇意にしておけば、「もしかしたら」の段階で一報があるだろう。しかし、当の警察職員が児童虐待に無関心で、児童虐待の疑いがあると看破できなければ、せっかく端緒情報があったにもかかわらず、見逃してしまうこととなる。

したがって、少年部門はもちろんのこと、地域部門、刑事部門、被害者対策部門等各部門の警察職員一人一人が、まず、児童虐待の早期発見の重要性を認識することだ。その上で、その発見能力を向上させていく必要がある。

3　早期発見のために

(1)　裏に児童虐待が隠れていることを念頭に置く

「子供の具合がおかしい」という119番通報があり、救急隊や病院で親や子供本人に確認するなどしたところ、実は親の虐待によるものだったということを耳にしたことがあるだろう。このような救急搬送の取扱いに限らず、潜んでいた児童虐待がちょっとしたことで姿を現すことがあるのだ。

したがって、児童を被害者とする事件の捜査、街頭補導、少年相談、急訴事案の取扱い等の各種警察活動に際しては、自分の目で見ただけ、あるいは耳で聞いただけの内容だと思い込んではならない。常に、児童虐待の伏在を念頭に置いて臨み、児童虐待の早期発見に努めなければならない。また、児童虐待そのものの発見とまではいかなくとも、その疑いがある、さらにはその可能性がある情報を把握することが大切だ。

(2)　認知時の速報を徹底する

あらゆる警察活動を通じて児童虐待が疑われる事案を認知した場合は、警察署長に速報するとともに、警察本部の人身安全関連事案について一元的に対処するための体制（「本部対処体制」）に速報しなければならない。速報を受けた本部対処体制が、事案の危険性・緊急性を総合的に判断した上で、警察署に対する指導・助言や要員の派遣等の支援を行い、児童の安全確保を最優先とした必要な措置が迅速に行われることが重要である。

7 いじめ問題への的確な対応

1　学校におけるいじめ問題への対応

昨今、いじめを受けていた児童生徒（以下「被害児童等」という。）が自殺するという重大な事案が発生するなど、学校におけるいじめ問題をめぐり被害児童等の保護と非行防止の両面から憂慮すべき事態が生じている。

学校におけるいじめ問題については、一義的には教育現場における対応により重大な結果に至る前に解決されるべきものであるが、警察としても、いじめ事案への必要な対応を的確に行うため、早期把握に努めていく必要がある。

2　学校の対応を尊重するも、必要な対応は執るべき

学校におけるいじめ問題については、教育上の配慮等の観点から、一義的には教育現場における対応を尊重しつつも、事案の悪質性、重大性及び緊急性、被害児童等や保護者の意向、学校における対応状況等を踏まえながら、警察として必要な対応をとっていかなければならない。特に、被害児童等の生命、身体又は財産に重大な被害が生じている、又はその疑いがあるような重大事案（以下「重大ないじめ事案」という。）がある場合は、捜査・調査を推進し、検挙・補導等の措置を積極的に講じていく必要がある。

3　早期把握が重要

いじめ事案の早期発見を図るため、特に児童生徒に関する少年相談、取調べ、街頭補導や地域警察官の街頭活動等あらゆる警察活動を行うに当たって、いじめが潜在している可能性を念頭に置いておく必要がある。ま

た、学校や教育委員会との連絡窓口の設定や、学校警察連絡協議会の活用等、学校等との連携強化を図るとともに、警察と学校の懸け橋として重要な役割を果たしているスクールサポーターの活用も重要である。

4　把握したいじめ事案への適確な対応

⑴　重大ないじめ事案への対応

重大ないじめ事案については、迅速に捜査等に着手するとともに、学校等に対しても被害児童等の保護のため必要な措置を要請するなど、被害の更なる深刻化の防止を図る。

⑵　被害児童等又はその保護者が犯罪行為として取り扱うことを求めるいじめ事案への対応

⑴のような重大ないじめ事案に当たらない事案であっても、被害児童等又はその保護者が犯罪行為として取り扱うことを求めるときは、その内容が明白な虚偽又は著しく合理性を欠くものである場合を除き、被害の届出を即時受理した上、学校等と緊密に連携しつつ、被害児童等の立場に立った捜査・調査活動を推進する。

なお、警察による捜査等を契機として加害児童生徒から謝罪等がされた結果、被害の届出が取り下げられるなどにより、立件に至らない場合もあり得るが、いじめ事案の円満な解決に寄与すること自体が被害児童等の立場に立った警察活動であるという認識が重要である。

⑶　その他のいじめ事案への対応

⑴又は⑵に該当するといえない事案であって、被害児童等又はその保護者が警察で犯罪行為として取り扱うことを求めないものについては、一義的には、教育現場における対応により解決されるよう、その対応を尊重することが適当である。

そのような事案を警察で把握した場合には、被害児童等又はその保護者の同意を得て、学校等に連絡の上、必要に応じて、加害児童生徒の健全な育成を図るため注意・説諭をするほか、学校に対する助言や適切な支援を行うなど緊密に連携する。

8 校内暴力事件の早期把握

1 小学生のうちから対策を

校内暴力というと、かつては中学生が主流であり、小学生の事件は少なかったが、ここ最近は中学生、高校生の事件数が減少傾向である一方、小学生の事件数が増加傾向にあり、小学生のうちから学校と連携し、非行防止教室等において広報啓発活動を行うなどの対策が必要といえる。

2 校内暴力事件とは？

「校内暴力事件」とは、学校内における

○ 教師に対する暴力事件

○ 生徒間の暴力事件

○ 学校施設、備品等に対する損壊事件

をいうこととしているが、犯行の原因、動機が学校教育と密接な関係を有する学校外における事件は、校内暴力事件に含むとしている。

3 学校等との緊密な連携が重要

校内暴力事件を未然に防止するためには、街頭補導、少年事件の処理等の日常的な警察活動を通じて問題兆候のある学校を把握するとともに、学校警察連絡協議会等を通じて学校や教育委員会と緊密に連携し、学校の教育的措置によって校内の秩序が維持されるよう必要な対策を促すことが重要である。

また、学校、被害児童等又はその保護者が、校内暴力を犯罪として取り扱うことを求めるときは、学校等と緊密に連携しつつ、捜査・調査を行う。

校内暴力事件に関係した生徒の捜査・調査に当たっては、本人の反省の状況、保護者の監護能力、社会的反響等を十分に見極め、学校の意見も踏まえた上で、再非行防止と健全育成のために最もふさわしい処遇を選択する。

4　継続補導の必要性を見極めよう

少年グループによる問題行動の場合、多くは先輩後輩の関係が継続し問題が長期化する傾向にある。また、時に、グループを離脱しようとする者に暴行を加えるなど、グループ内で事件が発生することもある。

そのため、グループの中心メンバーに対する指導のほかに、グループ周辺者に対する個別的な継続補導を行うことで、不良交友関係を再び構築させないようにすることが重要である。

第3

少年事件の捜査

1　少年事件の年齢区分

1　20歳～少年か否か

民法一部改正法により成年年齢が20歳から18歳に引き下げられたが、少年法は、18歳及び19歳の者について、成長途上にあり、可塑性を有することを踏まえ、少年法一部改正法により特定少年と定義し、引き続き少年法の適用対象としている※1。

19歳の特定少年による事件を捜査していたところ、同少年が20歳になってしまったらどうするか。20歳になった以上、同法上の少年として取り扱うことはできなくなる。少年が19歳であることを認識して、必要な捜査を適切に、かつ、可能な限り迅速に行っていたにもかかわらず、送致前に20歳に達してしまったというならばそれは致し方ない。しかし、もしもあなたが「任意捜査だからそんなに焦って処理することもないだろう」などといい加減な気持ちで捜査しているうちに20歳になってしまったとしたら大きな問題となる。

少年事件の処分は、その約6割が審判不開始又は不処分であり、保護処分もその約8割は保護観察となっている。ところが、20歳になると刑事手続に乗せられ、刑事処分を受ける可能性もあるのである。つまり、その少年は、保護手続により処遇される機会を失ってしまうのである。保護処分と刑事処分を単純に比較することは難しいとはいえ、常識的には刑事処分の方が厳しい扱いになると考えるのが普通だろう。悪いのは罪を犯した少年であっても、保護処分を受ける機会を警察が奪うようなことがあってはならない。したがって、年齢が20歳に切迫した少年に係る事件は、心して、迅速な捜査に努めなければならない。

※1　10ページ参照

2 18歳～特定少年か否か、児童福祉法が適用されるか否か

前述のとおり、少年法は、18歳及び19歳の者について、特定少年と定義し、同法の適用対象とする一方、特例等が定められており、特定少年が死刑又は無期若しくは短期1年以上の懲役若しくは禁錮に当たる罪を犯した場合には、刑事処分を科すことを前提に、家庭裁判所は原則として検察官に送致（逆送）しなければならないことや、特定少年にはぐ犯送致や後述する家裁直送が適用されないことなど、その取扱いについては、注意が必要である（少年法第62条第2項第2号、第65条第1項、第67条第1項）。

また、同法では、犯行時18歳未満の者には死刑を科すことはできず、無期刑をもって処断すべきときでも有期刑を科すことができると定められている（同法第51条）。

このほか、児童福祉法上、児童とは満18歳に満たない者とされている。

児童相談所へ通告しなければならない保護者のない児童又は保護者に監護させることが不適当であると認められる児童（要保護児童）は、18歳未満の者が対象である。ぐ犯少年についても、18歳未満ならば児童相談所への通告ができる。

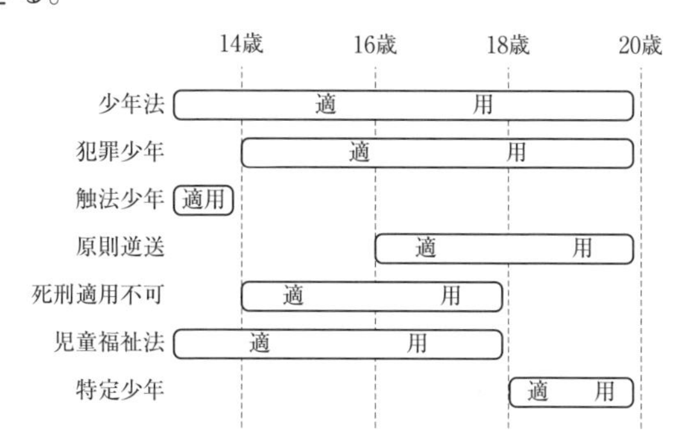

3 16歳～原則逆送になるか否か

16歳以上の少年が殺人・傷害致死のような故意の犯罪行為によって被害者を死亡させるといった罪を犯した場合には、原則逆送しなければならないことになっている（少年法第20条第2項）。

なお、前述のとおり、18歳以上の少年については、死刑又は無期若しくは短期１年以上の懲役若しくは禁錮に当たる罪を犯した場合には、原則逆送しなければならないこととなっている。

4　14歳～罪を問われるかどうか

13歳と14歳では、同じ刑罰法令に触れる行為をしてもその処理は全く異なる。刑法（第41条）は、14歳未満の者の行為は罰しないとしていることから、犯行時14歳未満であれば、逮捕を始め一切の刑事手続の対象にはならない。「被疑者供述調書」も「申述書」となる。14歳以上の共犯者がいる場合も、刑事手続上14歳未満の少年は参考人にすぎない。

この刑罰行為に触れる行為をした14歳未満の少年（触法少年）の取扱いの詳細については後述するが、まずは、法律上被疑者にはならないし、たとえ人を殺したとしても罪には問われないのである。

5　年齢を確認するときは、ここに注意！

20歳以上の被疑者でも、年齢の確認は本人を特定するために非常に重要なことである。しかし、少年の場合の年齢確認の重要性はその比ではない。なぜなら、少年は前述のとおり年齢区分により取扱いが異なってくるからだ。

少年の年齢を確認するに当たっては、次のことに注意しよう。

⑴　兄弟の名をかたっていないか

過去の非行歴等から処分が重くなることを恐れ、兄弟の名をかたることがある。兄弟なら住所、氏名、生年月日、学校等を熟知していて、口からよどみなく出てくるからだ。

特に、14歳以上の兄のふり、14歳未満の弟のふりにだまされると、事後の取扱いが難しくなるから気を付けよう。

⑵ 友達の名をかたっていないか

例えば、無免許で他人のバイクに乗って交通違反をしたとき、無免許運転についての追及を避けるために免許を保有する友人の名をかたることがあるから気を付けよう。

⑶ 大人のふりをしていないか

自ら好んで20歳以上の者として刑事罰を受けようと思う者などいないが、例えば、外国人の少年は、仕事先を探すために、あえて20歳以上の者のふりをする場合があり得る。

少年なのに20歳以上の者としての取扱いをしてしまうと、手続面で問題が生ずることとなるので気を付けよう。

2　少年事件手続の特殊性

1　全件送致主義とは何か

少年事件は、いかに軽微なものであっても、全ての事件を家庭裁判所に送らなければならない。これが全件送致主義である。

警察が取り扱った20歳以上の者の刑事事件は、検察庁に送り、検察官が裁判所に起訴する。この際、20歳以上の者の場合には微罪処分という手続がある。これは検察庁に送らず、後からまとめて報告するだけの手続である。また、検察庁に送った事件でも、検察官が起訴猶予にする場合も少なくない。

これに対し少年事件では、微罪処分や起訴猶予は一切認められておらず、全件、家庭裁判所に送り、家庭裁判所が保護処分にするか、刑事処分にするかなどを判断することとなっている。

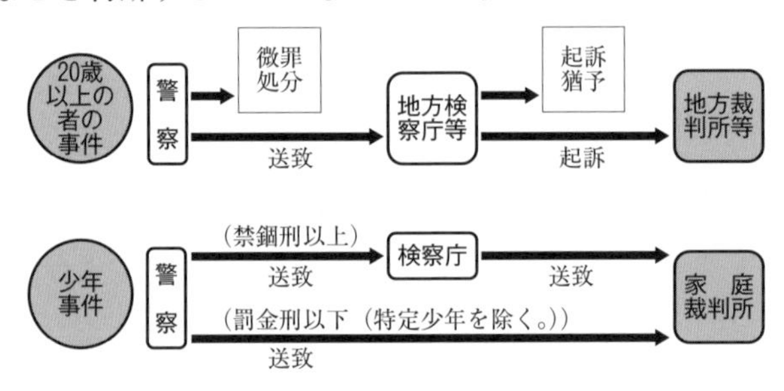

警察では、18歳及び19歳の特定少年による事件にあっては検察官に、18歳未満の少年による事件にあっては、

○　禁錮以上の刑に当たる犯罪の捜査をしたときは、検察官に（刑事訴訟法第246条）

○　罰金以下の刑に当たる犯罪の嫌疑があるものと思料するときは、家庭裁判所に（少年法第41条）

送致しなければならない。この基本を頭にたたき込んでおこう。

2　家裁直送事件とは何か

前掲の少年事件の流れをもう一度見ていただきたい。「罰金刑以下（特定少年を除く。）」の場合は矢印が検察庁を素通りして、直接、家庭裁判所に届いている。

少年法第41条前段を読むとこう書いてある。「司法警察員は、少年の被疑事件について捜査を遂げた結果、罰金以下の刑に当たる犯罪の嫌疑があるものと思料するときは、これを家庭裁判所に送致しなければならない」これが、家裁直送事件と呼ばれているものだ。

なお、この少年法第41条の規定は、特定少年の被疑事件については、適用しないこととなっている（同法第67条第１項）ので、特定少年の被疑事件の捜査をしたときは、罰金以下の事件を含めて全て検察官に送致することとなる。

罰金刑以下の少年の事件は、検察官に逆送されることはない（少年法第20条）ので、刑事処分になることはない。それならば早く家庭裁判所に送って、保護処分にするかどうかを決めた方が少年の利益にもかなうということだ。

ところで、この家裁直送事件を、ついうっかり検察庁に送ってしまったりしたら、それだけ少年の保護手続が遅くなってしまう。平素、取扱いの多い窃盗、強盗、恐喝、占有離脱物横領等の刑法犯は、ほぼ禁錮以上の刑に当たるものであるから問題はないが、特別法犯には罰金以下の刑に該当するものが相当あるし、刑法犯でも、あまり取扱いはないとはいえ、賭博や過失致死傷等これに該当するものはある。ふだん取り扱わない罪種を扱ったときは、家裁直送事件かどうか十分気を付けなければならない。

3　呼　出　し

1　少年を呼び出す際に心掛けること

警察に呼び出されるというのは、少年にとっては大変ショックなことであり、不安を覚えるものである。警察官ですら、仮に自分の勤務先以外の警察署から「参考人として来てくれ」と言われたら臆するだろう。

一般人、それも少年であればなおさらのことである。

したがって、少年を呼び出すに当たっては、呼出しを受ける者の心情を十分理解し、健全育成の観点からの配慮をすることで、少年が無用な不安を抱かないようにしよう※2。

(1)　呼出しの連絡は保護者に

少年の被疑者を呼び出すときは、原則として保護者又はこれに代わるべき者に連絡する。少年の立ち直りについての指導のためにも、保護者も一緒に来てもらえればそれに越したことはないだろう。

(2)　呼び出す場所や都合に配慮を

呼び出すに当たっては、少年の心情を理解し、呼び出す場所や時期、時間、方法等について配慮する。例えば、休日であっても、入試の前日であったり親戚の結婚式、法事が予定されていたりするのであれば、呼び出すのは問題だろう。学校の行事や勤務のシフトその他の少年の都合に十分配慮しよう。

2　こんな呼出しは原則禁止

(1)　授業中や勤務中に直接呼び出すな

例えば、学校で同級生や先生の目の前で、あるいは職場で上司や同僚

※2　留意事項通達第5の3

の目の前で呼び出されたら、その少年はどういう気持ちになるだろうか。そういうやり方は、果たしてその少年の立ち直りに資するのだろうか。よく考えなければならない。

⑵　制服警察官による呼出しはやめよう

制服の警察官が個人宅を訪ねると、訪ねた警察官本人は、周辺の人には単に巡回連絡で来たくらいに思われるだろうと考えていても、何だ何だとなることもある。その後、少年が警察官と連れ立ってどこかに行けば、それこそ近所でちょっとした騒ぎになるだろう。被疑者だとしても、世間のさらし者にされるいわれはない。

また、私服であっても、例えばパトカーを始め明らかに警察車両と分かる車で乗りつけるようなことでは、制服警察官の場合と同じことだから、気を付けよう。

⑶　深夜帯の呼出しもダメ

「当直勤務の時しか取調べの時間が取れないし、どうせいつも深夜はいかいしているのだから、夜遅くに呼び出しても問題ないだろう」という考えではダメだ。そんな理由で呼び出して調書を作成しても、任意性が疑われるだけである。

4 取調べ

1　必ず立会人を置かなければならないか

少年の被疑者の取調べを行う場合においては、やむを得ない場合を除き、少年と同道した保護者等を立ち会わせることに留意することと定められており、原則として保護者等の立会いの下に行うこととしている。

これは、少年に無用の緊張を与えることを避け、真実の解明のための協力や事後の効果的な指導育成を期待する趣旨からである。しかしながら、保護者等が同席することで、かえって緊張したり供述をためらったり、あえてうその供述をしたりするということもあり得る。こうなる可能性を事前に把握し立会いの有無を判断するのは難しいが、事件の内容、少年の性格、あるいは同道してきた保護者等の性格や態度から総合的に判断して、立会いを求めるかどうかを決定することとなる※3。

また、共犯者がまだ逃走中であるとか、新たな証拠物件の存在がうかがわれる場合等は、そのことを理由に立会いを求めないことはあり得る。しかし、そういった場合でも、警察署まで一緒に来てもらって取調べの内容が聞き取れない場所で待ってもらうなどし、取調べ終了後は一緒に帰ってもらうといった配慮は考えるべきである。

2　取調べ上の留意事項

取調べにおける留意事項が、20歳以上の者と少年で大きく異なるわけではない。

ただ、少年には、他人に迎合しやすい、仲間をかばう、何気なくうそをつくといった特徴があるので、それを念頭に置いて取調べに当たらなければ

※3　留意通達第5の4(2)

ばならない。

御存じのとおり、少年が家庭裁判所の審判で捜査段階での供述を覆し、結局「非行なし」となる事案が後を絶たない。

最初から自白しているので、裏付けを取ることなくそのままうのみにしたり、共犯者の供述を十分吟味しなかったりすると、合理性に疑いを持たれ、審判での供述の方が信用性が高いとされてしまう。

少年が審判で供述を覆すと、対審構造になっていない以上、取り返しがつかないのである。

したがって、少年の取調べに関しては、第一に、少年の心を開かせ、真実を引き出すように努めるとともに、その供述の裏付け捜査の徹底を図ることが重要である。

5 逮　　捕

1　逮捕するかどうかの判断で注意すること

少年は、心身共に発達途上にあって未熟であるため、身柄を拘束することによって著しく情操が害されるおそれがある。逮捕されたことによって自暴自棄になり、将来、非行が一層深化することもあり得る。

このため、逮捕はできるだけ避け、逮捕する場合にもその処遇に十分配意することが求められている※4。

ところで、逮捕の要否を判断するに当たっては、逮捕の理由と必要性の存在の検討が不可欠であることは御存じのとおりである。このことは、20歳以上の者と少年とで違いはない。

しかし、少年の場合、一般的には親等の保護者と同居し、生活も依存していることが多いであろう。このような家庭の少年であれば、少なくとも逃亡のおそれは小さいといえるだろう。また、心身の未熟さから、罪証隠滅のおそれも小さいといえる場合もあるかもしれない。

このように、少年の場合は20歳以上の者とは違った観点からも逮捕するかどうかを検討する必要がある。すなわち、逮捕の理由やその必要性だけではなく、少年の年齢、性格、保護者の監護能力、平素の生活実態や生活能力等を十分に把握して、これらを総合的に検討した上で判断する必要がある。

2　中学生の逮捕は慎重に

中学生は、１年生は通常12～13歳、２年生は13～14歳であるので、非行に及んだとしても約半数は触法少年となるので、逮捕はできない。

※4　留意事項通達第5の5

また、14歳以上の中学生であっても、まだまだ心身の発達は十分ではなく、未熟であろう。しかも義務教育中であることから、逮捕されることが少年の心情に与える影響は小さくない。一方、殺人、強盗、強制性交等等、社会を震撼させるような重大な犯罪の場合には、強制捜査で臨む必要性は高いといえる。

中学生の逮捕はより慎重に検討すべきであるが、どうしても逮捕せざるを得ない場合には、なぜそういう判断に至ったのかを問われた場合にきちんと説明できるようにしておこう。

3　施設収容中の少年は逮捕できるのか

捜査の結果、被疑少年が別件で少年院に入院中であると判明したというような場合が時々ある。このような少年を逮捕することはできるのだろうか。

結論は、逮捕はできる。しかし、その少年は、少年院で矯正教育を受けながら社会復帰を目指している。

罪を犯したことを疑うに足りる相当な理由があり、少年院を仮退院したら証拠を隠滅したり、逃亡したりする可能性があるという要件は当然必要であるが、そのほかに、例えば、本件が極めて重要な凶悪事件である、連続的に犯行に及んでいる、余罪が多数ある、捜査員が少年院に出張して取り調べるだけではとても目的を達せられない、といった事情があるため、現在の少年院での矯正教育を中止してでも逮捕して捜査しなければならないと認められる場合でなければならない。

少年鑑別所で鑑別中の少年や児童自立支援施設に入所中の少年も同じで

ある。

これらの施設に収容されている少年を逮捕する際には、それぞれの施設に対して事前に連絡し、協力を得るよう努めるとともに、観護取消決定等の必要な手続を執るためにも、少年院送致や少年鑑別所での観護の措置を決定した裁判所と緊密な連絡を取っておかなければならない。

4　20歳以上の者と同じように再逮捕できるのか

少年事件の捜査を含め、少年警察活動は、少年の健全育成の精神を持って当たることが基本である。事案の真相を明らかにして、刑罰法令を適用するという刑事訴訟法の目的はもちろん尊重されるべきであるが、一方、少年の場合は、速やかに保護処分に付して、更生を期すことが重要であるとされている。

したがって、例えば、余罪がたくさんあって、20歳以上の者ならば通常再逮捕で臨むような事案であっても、実務的には、家庭裁判所に、少年鑑別所へ送致する観護の措置を決定してもらい、原則２週間の観護の措置の間に捜査を進め、併合審理ができるようにしているのが通常である。余罪が凶悪犯罪である場合等は再逮捕が許容されようが、そうでない場合には、少年の再逮捕は慎重に判断すべきであろう。

6 留　　置

1　留置要否の判断

20歳以上の者でも初めて留置施設に入れられるときには悲痛な思いを感じるであろうから、まして少年となれば、その心情に対する影響は計り知れない。特に年少少年に及ぼす精神的影響を考えると、直ちに「逮捕されるような悪いことをやった以上、どのような境遇の少年でも留置する」というわけにはいかない。

したがって、少年の年齢、性格、非行歴、犯罪の態様等を総合的に勘案し、留置が必要か否かを慎重に判断することが求められる。

一般的に、通常逮捕した少年の場合は、十分基礎調査ができているはずだから、留置の要否の判断に必要な情報は十分であろうが、現行犯逮捕や緊急逮捕の場合はなかなかそうもいかないだろう。

少年の被疑者は、なるべく身柄の拘束を避けるのが原則であることを思い起こしつつ、留置の要否を判断することが大切である。

2　少年を留置する場合に気を付けること

(1)　20歳以上の者とは分離して収容する

少年は精神的にも肉体的にも未熟であり、誘導や暗示にかかりやすく、周りからの悪い影響を受けやすい。このことに配慮して、少年法第49条は、少年と20歳以上の者又は少年の他の被疑者・被告人との「取扱い分離」の原則を定めている。同条第１項及び第２項では、取扱い時や手続の分離については、「なるべく」とか「審理に妨げない限り」等と軟らかく規定されているが、同条第３項で刑事収容施設（警察の留置施設も含む。）における20歳以上の者との分離収容については、「しなければならない」と規定されている。少年が20歳以上の者と同じ居室に収容された場合の影響の大きさを考慮しているのであろう。

したがって、20歳以上の者との分離収容は必須である※5。

なお、少年と20歳以上の者との分離収容（少年法第49条第1項、第3項）については、特定少年に係る事件で逆送決定がなされた被疑者及び特定少年である被告人には適用されない（同法第67条第2項）が、必要に応じて、収容上の配慮をすることを妨げるものではない。

⑵　保護者に必ず連絡する

少年を留置する場合には、警察署等に留置していること及びその理由を保護者に説明し、理解を求めておくことが必要である。激怒したり悲嘆に暮れたりする保護者もいるかもしれないが、その後の少年の立ち直りのためにも、保護者の理解と協力が不可欠である。ただ、保護者に連絡することによって、共犯者が逃亡するおそれや、証拠隠滅のおそれがあるということが、全くないわけではない。このような場合は、保護者に連絡する意義・目的と捜査上の必要性とを勘案しつつ判断することとなる※6。

※5　逆送決定がなされた特定少年を留置施設に留置する場合には、20歳以上の者と同室に留置することが可能となる。また、逮捕された17歳の少年が逆送決定後に18歳（特定少年）となった場合も、20歳以上の者と同室に留置することが可能となる（少年法第49条第3項、第67条第2項）。

ただし、少年法第67条第2項は、いわゆる人単位ではなく、事件単位で適用されるところ、例えば、逆送決定がなされていない事件において、被疑者である特定少年を留置する場合には、当該特定少年について既に別の事件で逆送決定がなされていたとしても、当該条項は適用されず、したがって、同法第49条第3項の規定に基づき、20歳以上の者とは再度分離して留置する必要がある。

※6　留意事項通達第5の5

7 少年の指紋採取等

1 どういう場合に指紋採取等ができるのか

逮捕した被疑者の場合は、20歳以上の者か、少年かにかかわらず指紋採取・写真撮影をしなければならない（指掌紋取扱規則（平成９年国家公安委員会規則第13号）、被疑者写真の管理及び運用に関する規則（平成２年国家公安委員会規則第９号））。では、身柄不拘束の被疑者、特に少年被疑者の場合はどうだろうか。

指紋が証拠として極めて有用なものであることは誰もが認めるところである。

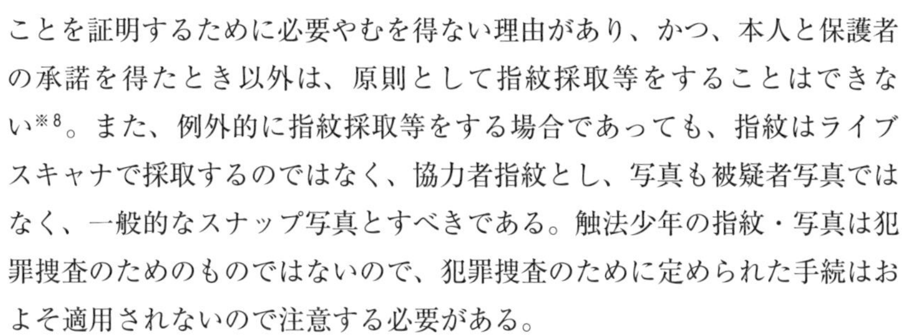

しかし、身柄不拘束の少年被疑者からの指紋採取等は「犯罪捜査のため必要やむを得ない場合で、少年被疑者の承諾を得たとき」とされており、指紋採取等をすることが原則ではないので注意しなければならない※7。

なお、触法少年については、その少年が行為者であることを証明するために必要やむを得ない理由があり、かつ、本人と保護者の承諾を得たとき以外は、原則として指紋採取等をすることはできない※8。また、例外的に指紋採取等をする場合であっても、指紋はライブスキャナで採取するのではなく、協力者指紋とし、写真も被疑者写真ではなく、一般的なスナップ写真とすべきである。触法少年の指紋・写真は犯罪捜査のためのものではないので、犯罪捜査のために定められた手続はおよそ適用されないので注意する必要がある。

※７　「少年被疑者等の指紋等採取及び写真撮影について（通達）」（平成31年４月23日付け警察庁丙少発第35号ほか。以下「指紋・写真通達」という。）２(1)

※８　指紋・写真通達３(1)

なお、ぐ犯少年や不良行為少年については、指紋採取等をしてはならない[※9]。

2　身柄不拘束の少年被疑者からの指紋採取等に当たっての留意事項

(1)　指紋採取等の必要性を慎重に判断する

全ての事件を同列に考えず、年少少年の事件や軽微な事件の場合、犯罪捜査のために本当に必要やむを得ないのかどうかを慎重に判断する。

(2)　よく説明して少年や保護者の承諾を得る

なぜ指紋を採取し、写真を撮影する必要があるのかをよく説明して承諾を得た上で指紋採取・写真撮影する。

また、少年が16歳未満の場合は、保護者からも承諾を求める[※10]。

(3)　少年の心情に著しい影響を与えるときは採取・撮影しない

検挙されたことで脅えきってしまったような少年だと、指紋を採取した場合に、どんな不測の事態が起こるか分からない。また、受験を目前に控えているような少年は、指紋採取等が試験に臨む少年の心情に悪い影響を及ぼすかもしれない。

したがって、少年の性格や置かれている立場、環境等をよく考慮して、指紋採取等をするかどうかを判断する。

(4)　原則として、保護者等の立会いを求める

保護者等に連絡が取れなかったり、連絡しても来署する気がなかったりするようなやむを得ない場合を除き、身柄不拘束の少年被疑者や触法少年の指紋採取等をする際には、保護者、在学校の教員、雇い主等の立会いを求める[※11]。

※9　指紋・写真通達4
※10　指紋・写真通達2(2)エ
※11　指紋・写真通達2(2)オ、3(3)エ

8 少年事件の送致

1 罰金刑以下の事件の告訴を受けた場合は？

特定少年の場合を除いて、罰金以下の刑に当たる少年犯罪は、家庭裁判所に直接送致（家裁直送）することとなっている。その一方、告訴・告発・自首に係る事件については、刑事訴訟法で、速やかにこれに関する書類及び証拠物を検察官に送付しなければならないこととされている。では、この２つの事情が重なった場合、例えば、誤って他人にけがをさせた少年が告訴されたらどうするのか。

検察官に送付すべきとする見解もあるが、警察庁では家庭裁判所に送致するよう指導している。

これは、そもそも罰金刑以下の事件は、少年法上、検察官に逆送されることはなく、したがって刑事処分になり得ないのであるから、検察官を経由する必要性がないし、要保護性の認定は家庭裁判所に全面的に委ねられているからである。

2 一人で罰金刑以下の犯罪と禁錮刑以上の犯罪の二罪を犯していたら？

これは犯罪捜査規範第210条第２項に明確に示されており、「一括して検察官に送致又は送付する」こととなっている。

観念的競合や牽連犯などの科刑上一罪となるものは何とか理解できるが、併合罪の場合、例えば、バイク泥棒を捕まえたら侵入具を携帯していた、というような場合は全く別個の犯罪だから、禁錮刑以上の犯罪は検察官、罰金刑以下の犯罪は家庭裁判所に分けて送るべきだとの考え方もあり得る。

しかし、少年の健全育成のためには、少年を全人格的に把握することが大切である。そこで、同一少年の関連事件については、一括して、同時に審判することが望ましいわけである。

3　共犯で罰金刑以下の犯罪を犯し、一方の少年に禁錮刑以上の犯罪の余罪がある場合は？

禁錮刑以上の犯罪の共犯であれば、各別の記録としないで一括して検察官に送致することとなる。罰金刑以下の犯罪の共犯であれば、同様に、一括して家庭裁判所に送致することとなる。また、禁錮刑以上の犯罪の共犯で、一方の少年に罰金刑以下の犯罪の余罪があったとしても、2で説明したように、双方を検察官に送致することとなる。

では、罰金刑以下の犯罪の共犯で、一方の少年に禁錮刑以上の犯罪の余罪があったらどうなるのだろうか。例えば、軽犯罪法違反に該当するはり札をしていた2人の少年を検挙したが、一方の少年がポケット内に飛び出しナイフを携帯していたケースである。

この場合は、関連事件を一括にすることより、処遇の個別化の方が優先され、はり札だけをした少年は家庭裁判所に送り、飛び出しナイフを隠し持っていた少年は検察官に送られることとなる。

また、この場合、一方の事件に関する記録が他方の事件についても必要であるときには、検察官に送致する事件に、家庭裁判所直送事件の書類の謄本又は抄本を添付することとなる。

4　少年と20歳以上の者との共犯事件の場合は？

(1)　少年と20歳以上の者の双方を検察庁に送致する場合

少年と20歳以上の者が共謀して窃盗事件を犯したような場合は、双方とも検察官に送致するが、この場合、各別の記録として分離して送致する。少年事件に関する書類が20歳以上の者の事件についても必要であるときには、20歳以上の者の事件の記録に少年事件の書類の謄本又は抄本を添付する。

⑵ 一方を家庭裁判所に直接送致する場合

少年（特定少年を除く。）と20歳以上の者が共謀して軽犯罪法違反事件を犯したような場合は、各別の記録として、当該少年は家庭裁判所に直接送致し、当該20歳以上の者は検察官に送致する。少年事件に関する書類が20歳以上の者の事件にも必要な場合は、検察官に送致する20歳以上の者の事件の記録に少年事件の書類の謄本又は抄本を添付する。

5 被害者の告訴のない親告罪の事件

親告罪に係る犯罪については、告訴がない限り、起訴されることはない。犯罪捜査規範第70条では、いまだ告訴がない場合でも、一定の場合には捜査することを義務付けている。ただ、これは、「直ちにその捜査を行わなければ証拠の収集その他事後における捜査が著しく困難となるおそれがあると認めるときは」と記されているとおり、後になって告訴がなされた場合に、証拠の収集ができなくなってしまうことを避けるために「初期の捜査を怠るな」という趣旨である。つまり、必ずしも送致を前提としたものではないから、20歳以上の者の事件では告訴がなければ送致をしないというのが通例である。

一方、少年の場合は、通達により、「将来における非行の防止上必要があると認めるときは、犯罪少年として関係機関に送致することを考慮して所要の措置を執る」とされている※12。これは、少年の場合には、親告罪で告訴がない場合でも送致し、審判に付すことがあり得ることを意味している。親告罪で告訴がない場合であっても、家庭裁判所が相当と認める限り、これを審判にかけた上で保護処分にできるとしている裁判例がいくつもあり、通説も同じ立場をとっている。つまり、刑事事件においては、親告罪における告訴は訴訟条件であるが、少年の保護事件においては、告訴がなくとも審判権の行使に何ら障害とはならないとされているのである。

※12 留意事項通達第５の７

9　簡易送致

1　簡易送致は簡易書式とも微罪処分とも違う

単純な事件や軽微な事件を処理する際に定められたものとして、簡易書式とか微罪処分、そして少年事件の簡易送致があって、混同しやすい。特に、簡易書式と簡易送致は言葉が似ているので、誤解しがちであるが、趣旨も要件も全く違うことから気を付けてもらいたい。

まず、少年事件の簡易送致であるが、これは「少年事件簡易送致書による送致」のことであり、20歳以上の者の事件の簡易書式や微罪処分とは異なる制度である。

少年事件に関しては全件送致主義であるから、微罪処分のように警察限りの処分とすることはできない。

しかし、少年事件にも非常に軽微で単純なものもあり、そういったものにまで通常の手続により時間をかけることは、少年の健全育成の精神の観点から好ましくない。

こうした点を考慮して創設されたのが簡易送致制度である。警察では、被疑者ごとに少年事件簡易送致書１枚を作成し、捜査の状況に応じて作成した書類等を添付して原則として１か月ごとにまとめて送致すればよい。簡易送致事件については、家庭裁判所において、特に問題がなければ審判不開始とされている。

これに対し、簡易書式とは、「司法警察職員捜査書類簡易書式例」のことである。捜査書類の作成は本当に大変だから、捜査員の負担を軽減し、捜査経済の向上を図ることを目的として、検察官の一般的指示によって定められた書類の様式のことである。犯行単純、証拠明白なものが対象で、少年事件には使えない。

微罪処分は、極めて軽微な犯罪で処罰の必要がないものを送致しない処分のことである。検察官があらかじめ指定した窃盗・詐欺等に限って、被害額が僅少、犯情が軽微等の条件の下に認められたもので、20歳以上の者の事件のみが対象である。司法警察員から検察官への事件送致の原則の例外であり、いわゆる警察限りの措置であって、事件として送致しないという点が他の2つと異なっている。

2　形式的要件のみで安易に簡易送致するな

簡易送致できる事件は、きちんと規定されているので分かりやすそうだが、その基本的要件の1つに、「刑事処分あるいは保護処分を必要としないと明らかに認められること」というのがあり、これを警察が判断しなければならない。

つまり、家庭裁判所に対して「ほとんど問題のない少年なので、調査・審判の必要はありません。審判不開始にして結構ですよ」という意見具申をするようなものであるから、責任重大である。

したがって、罪種や被害額等が基準に合致していても、それだけで判断することなく、裏に隠れた犯情等をよく検討することが大切である。形式的要件だけをみて安易に簡易送致するわけにはいかないのである。

3　簡易送致の趣旨を理解し、大いに活用すべし

簡易送致制度は、捜査を迅速化し、少年の健全育成に資するものである。また、捜査力のシフト、捜査員の負担軽減も図ることができる。

ところで、皆さんの署ではどうだろう。簡易送致対象の事件なのに通常送致と同じように供述調書や報告書を作成してはいないだろうか。「念のため」、「もしもの時のため」という気持ちが働いているのではないだろうか。しかし、よく考えてもらいたい。事件を十分に吟味した結果、簡易送致対象事件だと判断したわけである。もちろん、捜査そのものを簡略化することはできないが、簡易送致対象事件と判断した以上は、少なくとも作成書類は最小限にし、速やかに事件を処理する。その分の余力を、通常送致事件の捜査や、他の少年警察活動に向けるというのが本筋であろう。事件として認知した段階で、少年事件選別主任者の判断を仰ぐなどして簡易

送致の制度を大いに活用し、少年の健全育成、捜査の合理化に努めよう。

10　措置の選別と処遇意見

1　少年事件選別主任者制度とは何か

取扱いを受けた少年に対してどのような処遇をすべきかということ、すなわち、関係機関への送致又は通告の措置を執るかどうか、それはどの機関に対して行うか、そして、通常送致するのか、簡易送致するのか、それらの判断をすることが措置の選別である。

この選別を特定の者に専属的に行わせることによって、少年を適正に処遇し、少年の健全育成を図ろうとする趣旨で作られたのが、少年事件選別主任者制度である[※13]。

少年事件の選別が適正に行われるかどうかは、少年の将来に大きな影響を及ぼすこととなるから、この少年事件選別主任者には、警察本部の少年部門を担当する課の幹部と、各警察署の生活安全警察部門を担当する課長が選任されているのが一般的である。

2　措置区分の選別はなぜ重要か

被疑者が大人であっても、身柄事件にするのか、在宅事件にするのかということや、同じ任意捜査であっても書類送致するのか、微罪処分にするのかということは大きな問題である。被疑者にとっても影響は重大である。

ところで、刑事訴訟法は、刑罰法令を適正かつ迅速に適用実現することを目的とするが、少年法（第１条）には「性格の矯正及び環境の調整に関する保護処分を行うこと」という目的が掲げられている。この少年法の目的にかなった措置を執るためには、「ある一定の罪にはこの程度の罰」と

※13　留意事項通達第４の１(3)

いった一般的な感覚から一歩離れ、「どうしてこのような非行に走ったのか」、「その根源を絶つにはどうしたらよいのか」をまず考え、「そのために必要な措置は何か」を少年一人一人について別個独自に検討することが強く要求される。つまり、画一的な取扱いを行わない、いわゆる処遇の個別化に努めなければならないものとされているのだ。このため、少年に対してどのような措置を執るかの判断は、20歳以上の者以上に重要なのである。

3　処遇意見～原案を作るのは担当警察官の役割

この措置の選別に加えて、送致・通告する際の処遇意見を決定するに当たって意見するのも、少年事件選別主任者の役割である。

しかし、その処遇意見の原案を作るのは、その事件について最も詳しく知っている担当警察官であるということを忘れてはならない。

少年事件選別主任者や選別主任者を補助する者は、事案の態様、非行の原因や動機、さらに保護者の実情や監護能力等に関する担当警察官からの報告をもとに、処遇意見を決定権者である警察署長等に諮る。

しかし、少年事件選別主任者自身が少年を直接取り調べることはほとんどないだろう。

だから、取調べ等を通じて少年をよく理解している担当警察官が、少年にとって最もふさわしいと思われる措置を自分なりに選別し、処遇意見の原案を作成しなければならないのだ。

担当警察官は、被疑少年の将来を左右するかもしれないだけの重要な任務を負っているのである。その点を十分肝に銘じて適切な判断をしてもらいたい。

11 少年の勾留

1 少年の勾留は厳しく制限されている

逮捕も留置も慎重にしなければならない少年であるから、ある程度の期間拘禁する勾留ともなると、もっと厳しい。

少年法上、勾留については、検察官に対しても、裁判官に対しても厳しい制限を課している※14。

2 勾留に代わる観護の措置とは何か

少年法は、検察官は勾留に代わるものとして「観護の措置」を請求できるものとしている※15。

勾留に代わる観護の措置によって、少年を一定の場所に留めておくことができるのであるが、勾留とはかなり異なっていることに注意を要する。

まず、拘置所や警察の留置施設に入れることはできず、収容する場所は少年鑑別所に限られている。

身柄を拘束できる期間は最長10日間である。勾留は延長することができるが、勾留に代わる観護の措置には延長はない。例外なしに最長10日間である。

そして、接見禁止の措置が執れないことも大きな違いだ。勾留に代わる観護の措置は、少年法に規定されているものであり、同法上、接見禁止の

※14 少年法第43条第３項・第48条第１項

※15 少年法第43条第１項・第17条第１項

措置に相当する規定はない。また、刑事訴訟法上の接見交通権の制限規定は適用されない。接見禁止の必要性が非常に高いのならば、それを理由に勾留をつけてもらうしかない。

3 「やむを得ない場合」とは何か

少年を勾留する場合には、本来の勾留の理由である「住居不定」、「証拠隠滅のおそれ」、「逃亡のおそれ」のほかに、「やむを得ない場合」という別個の要件を必要とする。「やむを得ない場合」とはどういう場合か。実務上、

○　少年鑑別所が満杯で、それ以上の収容能力がない。

○　少年鑑別所が遠すぎて、捜査に著しい支障を生ずる。

○　重大特異事件等でとても10日間では捜査できない。

○　接見禁止をつける必要がある。

○　共犯者が既に少年鑑別所に収容されている。

○　他の少年に悪影響を及ぼすおそれが高い。

というような場合とされている。

ただ、これらはいずれも明文化されたものではなく、満杯という物理的な理由の場合は別にしても、上のどれか１つに該当すれば直ちに認められるというものではない。

近くの留置施設も満杯で、遠隔地の留置施設になるというのであれば、少年鑑別所が遠いというのは理由にならない。また、単に捜査に不便という程度では、捜査に重大な支障を来すとはいえない。だから、真に必要のあるものに限って、検察官に勾留請求を求めていくということとなる。

⑫ 非行なし事案をなくすために

1 「非行なし」は突然やってくる

初めて少年事件に携わる人は「非行なし」といっても何のことやらよく分からないかもしれないが、例えて言えば、刑事事件でいう無罪事件である。

真面目にきちんと捜査していれば無罪事件になるわけがないと思っていたら大間違いである。少年事件捜査にはいつも「非行なし」の恐怖がつきまとっているのだ。

ここで大げさに言ったのは、予測がつきにくいことと、警察が直接に責任を負うところに理由がある。

20歳以上の者の事件の場合は、送致後であっても、補充捜査により新たな証拠収集ができる余地はあるし、裁判の状況もある程度分かる。

少年事件でも、送致後に補充捜査ができることもあるが、その必要性は、家庭裁判所が職権で決める。しかも、少年審判は非公開であるので、家庭裁判所に係属後の状況は警察ではよく見えてこない。そこで、いきなり「非行なし」の決定が飛び込んでくるように思える。

また、20歳以上の者の事件では、検察官のところで起訴猶予となり、裁判所に係属する前に決着することも多い。ところが、少年事件は、特定少年による事件を除き、罰金刑以下のものは家庭裁判所に直接送致しなければならず、検察官に送致した事件も、全件送致主義の趣旨から、検察官はよほど特別な場合でない限り、警察から「犯罪の嫌疑あり」として送られてきた事件については、家庭裁判所に送致することとなる。つまり、全ての事件につき家庭裁判所が何らかの判断をすることとなるわけである。

2　少年審判の特質も十分理解しよう

少年審判は、刑事裁判とは基本的に異なった構造となっている。まずは、この構造の違いをよく認識しておこう。

⑴　原則として、審判に検察官が関与できない

家庭裁判所は、死刑又は無期若しくは長期3年を超える懲役若しくは禁錮に当たる罪に係る事件について、必要があると認めるときは検察官を審判に出席させることができるとされている[※16]。しかし、これも飽くまで協力者として関与するにすぎず、刑事裁判における検察官のように、当事者としての役割を担うものではない。まして、それ以外の大多数の事件では、出席そのものができず、捜査側には反証の余地がないのである。

⑵　捜査する側に抗告する権利が認められていない

検察官が審判に協力した事件については、検察官から高等裁判所に抗告受理申立てを行うことができるという制度がある。しかし、これも上級審での見直しの機会を確保しようとするもので、抗告そのものが認められているわけではない。抗告は少年側のみに認められているから、非行なしの決定は、まず争うことはできないものと心得よう[※17]。

⑶　被害者、目撃者の証人尋問は心理的制約が大きい

被害者、目撃者等の重要な証人は、被疑少年やその親、付添人の前で証言しなければならない。検察官もおらず、孤立無援のところで、相手に不利な証言をすることは、本人にとって非常に苦しいはずだ。被疑少年が同級生や友人だった場合には、警察で話した内容からかなり後退する場合も見られる。その供述の相違が信用性に欠けると捉えられて、非行なしの理由に挙げられることもよくある。

※16　少年法第22条の2第1項

※17　少年法第32条の4

3　非行なし事案の典型

(1)　裏付けが不十分

皆さんに最も気を付けてほしいのは、何といっても、自白のみに頼ってはいけないということだ。少年が素直に犯行を認めたような場合、どうしても安心してしまい、裏付け捜査に気を抜いてしまいがちになる。しかし、裏付け捜査が不十分であったがゆえに非行なしとなった事案も多くある。審判で少年に自白を翻されたり、裁判官に供述の信用性に疑問を持たれたりしたとき、警察段階での供述を支えたり信用性を担保したりするものが何もないと、非行なしとなる可能性が極めて高くなる。

例えば、自転車盗の場合、被害届が出ている、届出の内容のとおり「駅前から盗んできた」と少年が供述しているということのみで送致した場合には痛い目に遭う。きちんと裏付けをとっておかないと、犯意が認められないとか、現場の状況から廃棄物（無主物）と認められるなどの理由で非行なしとされる。

(2)　自白がうそだった

少年の場合、自己保身のためだけでなく、友人や兄弟をかばってうそをつくことが多い。例えば、先輩が盗んだバイクを借りて乗っていたのだが、「先輩が盗んできた」とは言えなくて…。弟が盗んだ自転車に乗っていたのだが、弟の将来を考えて…。といった理由でうそをつくので要注意だ。

(3)　共謀の事実が認められない

グループ等による暴行、傷害、恐喝といった事案は後を絶たないが、グループの中には、自分が手を出しておらず、そもそも謀議に加わっていなくても、グループのメンバーとして現場に居続けるという者もいる。一緒に居た、逃げたというだけの理由で共犯と決めてかかり、結局非行なしというケースもあるので要注意だ。

4　非行なしを防止するために配意すること

非行なしを防ぐためには、事件を認知したら、できる限りの採証活動を確実に行い、供述を吟味しつつ物的証拠との結び付きを立証し、適正な擬律判断により被疑者及び被疑事実を特定するという基本を忠実に守ることが大事である。ただし、少年事件に特有のこととして、次のような点に特に配意してほしい。

(1)　確実な立証を

「少年が保護処分になることはほとんどない。処分されても、せいぜい保護観察どまりだから、緻密に捜査しても無駄だ」というような気持ちを持ってはいないだろうか。

確かに通常の事件で保護処分に付されているものの割合は低い。しかし、少年事件は全ての事件が裁判官の目に触れるのである。易きに流れることなく確実な立証に心掛けよう。

(2)　迎合に注意

少年は、心身共に未成熟であるがゆえに迎合しやすいという特性がある。捜査員は決して誘導するつもりなどなかったのに、「言われるがままそのとおり話をしてしまった」などと審判で捜査段階での供述を翻すことがしばしばある。少年の取調べは、その特性を理解した上で、供述の任意性を確保しつつ臨むことを肝に銘じよう。

(3)　共犯者・関係者との通謀がある

事件の捜査で、取調べを終えた被疑少年が、共犯者と通謀し、翌日の取調べで前日の供述を翻すことがある。関係者が友人の場合も同じことが起こり得る。

このようなときには、それぞれの供述をよく吟味し、できる限りの裏付け捜査を行うとともに、それらと他の証拠を突き合わせることで、うそを見破ろう。

13 長期未処理事件をなくすために

1 長期未処理事件とは何か

長期未処理事件とは、文字どおり、長期間処理されていない事件である。

2 事件を長期間未処理にすると…

任意事件に明確な処理期限が定められているわけではないが、だからといって「焦る必要はない、ぼちぼち捜査すればよい」などと思われては困る。

被害者は、当然のことながら、犯人が分かったのなら早く被害品を返してほしい、早くきちんと処罰してほしいという気持ちを持つ。犯人が分かったというのに、その後何の音沙汰もなく、盗まれたバイクも戻ってこないし犯人がどうなったのかも分からないとなれば、大変な不満を抱くであろう。

また、被疑少年にとっても重大な問題だ。被疑少年といっても、皆が皆、札付きの悪というわけではない。

自らの非を悔い、「早くけじめをつけてやり直したい」と思っている少年も少なくないはずである。ところが、いつまでたっても、警察からの呼出しもないと、「一体自分はどうなるのだろう」などと不安な気持ちを持つだろう。少年を長期間にわたって不安定な心理状態に置くことで、少年の立ち直りが阻害され、更生の道を閉ざすことにもなりかねないのである。

そのほか、捜査が遅れれば遅れるほど、証拠が散逸したり通謀されたりするという問題も生じてくるのだ。

3　長期未処理は不適正事案に発展する

捜査の遅延は、それ自体重大な問題である。そして、過去の事例をみても分かるとおり、さらに大きな問題に発展することがある。

被害者の一人から「１年以上も前に犯人が捕まったのに、まだ、自分の自転車が戻ってこない」と署に苦情があった。調べてみたら、確かに該当する事件があり、捜査が全く進んでいないことが判明したほか、同じような事件が何十件とあることが発覚した。しかも、書類の一部や証拠品がなくなっていた、被疑少年が20歳以上になっていた、時効が完成していた、ということが現実にあるのである。

ほんのちょっとした気持ちの緩みが、長期未処理につながり、さらには不適正事案に発展することとなる。

常に気を引き締め、迅速・的確な事件処理に努めてもらいたい。

第4 触法事件の処理要領

1　触法少年の取扱い

1　触法少年による事件は捜査ではなく調査をする

14歳未満で刑罰法令に触れる行為をした者が触法少年である。「14歳に満たない者の行為は罰しない」という刑法の刑事責任年齢の規定により、触法少年は、被疑者として刑事訴訟法による手続で扱うことができないのである※1。

触法少年の犯罪行為を解明するための警察の活動は、警察官等の調査として少年法を根拠に行っている※2。

この「調査」は、刑事訴訟法上の司法警察職員として行うものではなく、少年法に基づき警察官として行うものである。したがって、供述調書に当たる「申述書」を作成し奥書する場合や調査報告書を作成する場合に、ついつい「司法警察員巡査部長○○○○」と書きたくなってしまうが、それは間違いである。「司法警察員」の文字は不要なのである。

> 以上のとおり録取して、読み聞かせたところ、誤りのないことを申し立て署名指印した。
>
> 前同日
>
> ＊＊県××警察署
>
> 巡査部長　○○○○

2　触法調査としてできること

触法調査としてできることは何か。少年法では、任意調査の根拠を明確にし、刑事訴訟法の規定を準用して、①押収、②捜索、③検証、④鑑定嘱

※1　刑法第41条、少年法第3条第1項第2号

※2　少年法第6条の2

託ができる旨規定している。ただし、上記以外の、逮捕や鑑定留置等の強制処分は準用されていないので、注意が必要である。

なお、押収等の強制処分は、刑事訴訟法の規定が準用されているものの、飽くまで調査の一環であるので、「司法警察職員」ではなく「警察官」の立場で職務を行うこととなる※3。

3 共犯に犯罪少年がいたら捜査ができる

触法少年による事件は捜査ではないと言ったが、これは飽くまでも触法少年だけによる事件であると判明した場合、つまり刑事事件にならないときのことである。つまり、14歳以上の少年や20歳以上の者が共犯でいて、刑事事件となる場合には当然に捜査ができる。その際には、触法少年本人は、被疑者ではなく参考人であるから、逮捕することはできないが、事案そのものは刑事手続を適用できる事件であり、捜査としての捜索・差押え等を進めることは差し支えない。

つまり、事件の解明そのものは捜査手続で進め、触法少年については、その手続の中では参考人として取り扱えばよいのである。事実についての参考人供述調書も取れるし、証拠品の任意提出を受けることもできる。

最終的に当該触法少年を児童相談所に送致・通告することとなった場合には、こうした捜査書類の写しを調査の書類として活用することとなる。

4 触法少年と知らずに逮捕してしまったら

現行犯逮捕や緊急逮捕後に触法少年であることが判明した場合は、逮捕の種別、引致の前後を問わず、判明した時点で直ちに釈放しなければならない。そして、その上で、逮捕手続書等を確実に作成し、逮捕が適法であったことを担保しておくことだ。緊急逮捕の場合は、直ちに逮捕状の請求を行い、逮捕の適法性等の追認を求める手続を執ることも忘れてはならない※4。

※3 少年法第6条の5、規則第21条、留意事項通達第6の9

※4 犯罪捜査規範第120条第3項、留意事項通達第6の10

しかし、釈放するのは、人違いによるものではなく刑事未成年だからであり、刑罰法令に触れる行為をしたとの疑いはあるのだから、所要の調査を行い、児童相談所（長）へ送致・通告等の判断をする必要がある。

また、逮捕に伴い押収したものがあれば、直ちに返還の手続を開始することとなるが、改めて触法調査としての押収手続を執ることは可能である[※5]。

※５　留意事項通達第６の11

2 触法少年の送致・通告の判断

1 触法事件も送致する

触法調査の結果、警察が執る措置は、非行の内容や触法少年の要保護性等によって判断され、児童相談所への送致、児童相談所への通告、警察における補導（署限り）の措置に分けられる。

では、送致の対象となる触法事件とはどのようなものか。これには２つある。

１つは、少年の行為が、

○ 故意の犯罪行為により被害者を死亡させた罪

○ 死刑、無期、短期２年以上の懲役・禁錮に当たる罪

に係る刑罰法令に触れるものであると思料するときである。つまり、死亡という重大な結果を惹起するか、一定の重い刑罰法令に触れる行為を行った場合であり、これらは外形的事実で比較的容易に判断できるものである[※6]。

もう１つは、

○ そのほか、家庭裁判所の審判に付することが適当である。

と思料するときである。罪種にかかわらず、少年の非行の内容や、要保護性の程度等から、審判に付すべきかどうかを事案ごとに実質的に判断していかなければならない。処遇意見として保護処分（①少年院送致、②児童自立支援施設・児童養護施設送致、③保護観察）相当の意見を付するような事件は、これに該当することとなろう。

※６ 少年法第６条の６、規則第22条から第24条まで、留意事項通達第６の13

2　送致しない場合は、通告を検討

児童相談所長に送致しないと判断したケースはどうするのか。触法調査の結果、少年が要保護児童であると判断されれば、児童福祉法第25条第1項に基づき児童相談所への通告を行うこととなる[※7]。ただし、飽くまで調査の結果、要保護児童と判断された少年を通告するものであり、送致しなかった少年全てを通告するわけではない。

なお、触法調査の過程で、少年を要保護児童と認めた場合は、通常、児童通告書により通告するものとされているが、急を要し、児童通告書を作成して通告するいとまがない場合は、口頭により通告し、その内容を記載した児童通告通知書を事後に送付することとしても差し支えない[※8]。

要保護児童とは、「保護者のない児童」か「保護者に監護させることが不適当であると認められる児童」のどちらかに該当する児童のことである。

「保護者のない児童」とは、

○　保護者に遺棄された。

○　保護者が行方不明である。

○　保護者が長期拘禁中である。

などの事情により、現に監督保護している者がいない児童をいう。

「保護者に監護させることが不適当であると認められる児童」とは、

○　保護者の監護のみでは再非行のおそれがある。

○　保護者が無関心で、完全に放任されている。

などの事情により、保護者はいるものの監護させることが不適当と認められる児童をいう。

ただし、これらは事案に応じて個別に判断すべきものであって、形式的な判断は慎むようにしなければならない。

例えば、ある12歳の少年が友人を殴ってけがを負わせた。調査の結果、

※7　規則第22条

※8　規則第38条、留意事項通達第6の13

少年はその友人から著しい脅しやいじめを受けていたことが判明した。少年は平素から何１つ問題のなかった児童で、今回のことについても反省の弁を述べている。親も非常にしっかりしており、今後の監護を約束している。こうなると、果たして審判に付することが適当か、さらには、要保護性があるかということとなる。

個別の事案ごとに異なるので一概には言えないが、児童相談所に通告する必要がないという場合には、「警察における補導の措置」とし、少年及びその保護者に必要な指導をすることで終結させることもあるだろう。

一方で、本人の性格や行状等からして、保護者の監護のみでは再非行のおそれがある、親が立派であっても子供が親の言うことを全く聞かないという状態であれば、「保護者に監護させることが不適当」と判断しなければならない場合もあるだろう。

3　一時保護とは何か～警察の判断ではできない

「一時保護」とは、児童相談所が、警察等から送致や通告を受けた児童について児童福祉法上の保護措置を執るまでの間、自ら、あるいは適当な者（警察を含む。）に委託して、児童の身柄を一時的に保護するものである（児童福祉法第33条）。児童が拒否しても、また、保護者等の同意が得られなくても保護できる。

一時保護するかどうか、また、委託するかどうかの判断は、児童福祉の観点から児童相談所長が行う。警察は、児童相談所長からの委託を受けた場合に限り、この一時保護ができる。したがって、警察が、一時保護すべきだと認めても、児童相談所長の判断はこれと異なることもあり得る。このような場合は、警察の考えを児童相談所に十分説明し、理解を求めていく必要があろう。

一時保護は、例えば、

○　親から棄てられた児童、自ら家出した児童等で、現に適当な保護者がいないとか住むところが無いために、緊急に保護する必要がある場合

○　親から虐待されているなどの理由があって、児童を家庭から一時引

き離すべきと考えられる、あるいは引き離さなければならない場合

○　自殺のおそれが高かったり、他人を殺傷するような可能性が極めて高かったりする場合

○　保護者がもはや自らの手に負えないと判断し、少年の施設収容を希望している場合で、客観的にもそれが正しいと認められる場合

等に行われることとなる。

また、警察への一時保護の委託は、

○　夜間又は遠隔地であるため、児童相談所長が直ちに引き取ることができない場合

等に行われることとなる。

なお、この委託を受けて行う一時保護は、飽くまで一時的な措置であり、運用上24時間を超えてはならないとされている。また、保護の場所は、保護にふさわしい部屋を使用するものとされている。警察では、例えば宿直室、休憩室、保護室がこれに当てはまるといえよう。絶対に留置施設を使用してはならない。

また、保護中の少年の自傷行為や自殺、逃走等に十分注意をして、保護者からの虐待等の特別の事情がある場合を除き、速やかに、少年の保護者等に一時保護した旨を連絡すること[※9]。

※9　留意事項通達第6の14

3 触法事件の処理要領等

1 作成すべき書類

触法事実をきちんと特定するために、調査はしっかりと行い、その経過を的確に書面化しておくことが大切である。

(1) 児童相談所長に送致する場合

「触法少年事件送致書」で送致する。一件書類の作成例を見てみよう。「触法少年事件送致書」、「書類目録」、「総括調査報告書」、「任意提出書（謄本）」、「領置調書甲（謄本）」、「所有権放棄書（謄本）」、「捜索差押許可状請求書（謄本）」、「捜索差押許可状（謄本）」、「捜索差押調書（謄本）」、「申述書」、「触法調査関係事項照会書」、「回答書」、「身上調査照会書」、「回答書」、「身上調査表」。名称は捜査書類とほぼ同じであるが、触法調査用の様式が定められているので、間違わないようにしなければならない。

証拠物関係の書類が（謄本）となっているのは、児童相談所長への送致の段階では、証拠物はまだ警察にあるので、書類も正本は送致できないからだ。証拠物は、事件が児童相談所長から家庭裁判所に送致された場合に、警察から家庭裁判所に直接送付することとされている。そのときは、「証拠物送付書」で証拠物を送付する。この場合の一件書類の作成例を示すと、「証拠物送付書」、「書類目録」、「任意提出書（正本）」、「領置調書甲（正本）」、「所有権放棄書（正本）」、「捜索差押許可状請求書（正本）」、「捜索差押許可状（正本）」、「捜索差押調書（正本）」。このほか、児童相談所長に送致しないが、通常作成するものとして「少年事件処理簿」、「少年カード」のほか、各種統計原票がある[※10]。

※10 少年法第6条の6第1項第2号、規則第22条第1項第1号、留意事項通達第6の13

⑵　児童相談所に通告する場合

「児童通告書」で通告する。この通告の際、「調査概要結果通知書」を作成し、児童相談所に調査の概要及び結果を通知する[※11]。

必要に応じて「答申書」、「申述書」等を作成・添付する県も多いようである。

「少年事件処理簿」、「少年カード」のほか、各種統計原票を作成するが、これらは児童相談所には送付しない。

事件によっては、審判のことも考慮し、「触法事件調査報告書」、「(関係者の）申述書・答申書」、「実況見分調書」等も作成しておく必要があろう。

⑶　「警察における補導の措置」の場合

送致も通告もせず、「警察における補導の措置」とする場合、「犯罪にならないし、送致も通告もしないのだから、書類はいらない」と早合点されては困る。

送致や通告のための「触法少年事件送致書」や「児童通告書」を作成する必要はないが、刑罰法令に触れる行為があったことは事実なのだから、その事実を明らかにするため、「少年事件処理簿」等を作成し、事件の処理状況を明らかにしておく必要がある[※12]。

⑷　統計原票の扱い

送致又は通告する場合であれ、「警察における補導の措置」とする場合であれ、「刑法犯検挙情報票」[※13]を作成する場合[※14]がある。なぜ触法事件なのに「検挙票」を作るのか。例えば、窃盗事件があった場合、犯人の年齢が分からない中で当然被害届を受理し、発生として認知される。その後、犯人が触法少年と判明した場合に、「犯罪になりませんから、検挙ではありません」では統計上この事件は未解決のままになって

※11　少年法第６条の６第３項、規則第22条第１項第２号、留意事項通達第６の13

※12　規則第17条第２項、留意事項通達第４の５⑴

※13　犯罪統計細則（昭和46年10月６日警察庁訓令第16号。以下「統計細則」という。）第４条⑵

※14　細則第５条第３項

しまう。そのため、既に「刑法犯認知情報票」が作成されている事件について、触法少年を補導した場合は、事件を解決※15したものとして、被疑者を検挙した場合と同じく、「検挙票」を作成する。言い換えれば、触法少年と判明した時点で、「認知票」が作成されていない場合には、「認知票」も「検挙票」も作成する必要はないということである。

なお、「刑法犯被疑者情報票（少年）」も、原則として必ず作成するが、作成対象者は、小学校就学年齢以上の少年である。ただし、殺人、放火、傷害又は強制わいせつに当たる行為をした少年については、小学校就学年齢未満であっても、「被疑者票」を作成する必要がある。

2　証拠物はどうするべきか

凶器等証拠物については、押収手続を執ることとなる。

注意しなくてはならないのは、こうした証拠物は、児童相談所に送付せず、家庭裁判所に直接送付するということである。事件を児童相談所長に送致した後、児童相談所長が家庭裁判所に送致すると、その旨の通知が警察にも届くので、その段階で証拠物を家庭裁判所に送付する。他方、事件を警察から児童相談所長に送致しなかった場合や、警察から児童相談所長に送致したが、児童相談所長から家庭裁判所へ送致されなかった場合には、警察から権利者へ返還することとなる。

3　送致・通告後の触法少年

触法少年は、児童相談所（長）に送致・通告された後、どのように措置されるのかということを知っておこう。

警察からの送致・通告を受けた児童相談所では、必要に応じ児童を一時保護し、社会的・心理学的な調査・診断を行い、警察から送致された一定の罪に係る事件については、原則として家庭裁判所に送致することとなる。その他については、家庭裁判所に送致するか、助言・指導、訓戒・誓約、あるいは、児童福祉司の指導に委ねるなどの児童福祉法上の措置を執

※15　細則第２条(6)

ることによって終結させる[※16]。

送致を受けた家庭裁判所では、審判に必要な調査を行うこととなる。身柄付で送致した場合、裁判所には児童の身柄を置いておく場所はないので、観護措置を決定して、少年鑑別所に入所させる。この観護措置は２週間が原則だ。触法少年の場合は観護措置の更新を１回だけ行うことができ、最大４週間ということとなる。この間に審判を行い、保護処分等を決定する[※17]。

保護処分としては、保護観察、児童養護施設送致のほか、重大な事件であれば、児童自立支援施設や少年院に送られることとなるだろう。

非行が進んだ触法少年の場合、おおむね12歳以上であれば、処遇意見の選択肢の１つに「少年院送致相当」があることを頭に入れておこう[※18]。

※16　少年法第６条の６・第６条の７、児童福祉法第27条第１項第４号

※17　少年法第17条

※18　少年法第24条

第5 ぐ犯事件の処理要領

1　ぐ犯少年の保護制度

20歳以上の者に対して、「あの人は危険な性格だ。犯罪に手を染めるのは時間の問題だ」などとして、身柄を拘束し、裁判にかけて何らかの処分を下すということは許されない。ところが、少年法では、罪を犯してはいないものの、将来犯すおそれがあるなどの少年を審判の対象としている。これがぐ犯少年といわれるものだ。保護、教育優先主義に基づき、早めに犯罪の芽の部分を治療してしまおうというものである。

令和4年4月1日から施行された少年法一部改正法により、18歳及び19歳の特定少年については、ぐ犯少年の対象から除外され、ぐ犯送致はできなくなったので気を付けなければならない[※1]。

1　「ぐ犯少年」とは？

少年法では、第3条第1項第3号イ～ニ（ぐ犯事由）のいずれかに該当し、その性格、環境に照らして将来犯罪行為又は触法行為をするおそれ（ぐ犯性）がある少年をぐ犯少年としている。つまり、「ぐ犯事由」と「ぐ犯性」がある少年がぐ犯少年である。

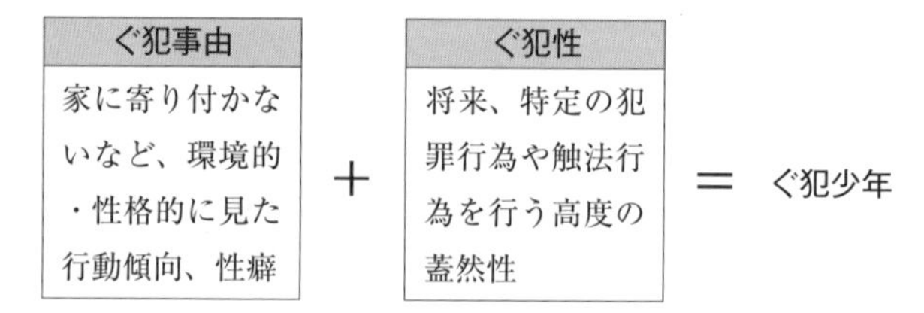

相当非行の程度の進んだ不良行為少年をぐ犯少年として送致した結果、ぐ犯事由はあるが、ぐ犯性がないので「非行なし」と判断されることもあるので気を付けよう。

※1　少年法第3条第1項第3号、第65条第1項

2 「ぐ犯事由」とは？

少年法第3条第1項第3号は、ぐ犯事由として4つの事由を列挙しており、ぐ犯少年と認めるには、このうち1つ以上を備えていなければならないと解釈されている。つまり、いくら少年の「悪行」をたくさん挙げて悪性を立証しようとしても、この4つの事由に該当しなければ、ぐ犯少年として問疑できないので注意しなければならない。

4つの事由の具体例としては、次のようなものが挙げられる。

(1) 保護者の正当な監督に服しない性癖がある

親の言うことを聞かずに学校や仕事をさぼる。親の制止に聞く耳を持たず、深夜はいかい、暴走行為、飲酒や薬物乱用を繰り返したり、家の金品を持ち出したりする。

(2) 正当の理由がなく家庭に寄り付かない

家庭に問題がないのに、家出、無断外泊を繰り返し、家庭に寄り付かず、放浪している。不良交友関係がうかがわれる集団のたまり場や暴走族仲間の家を転々とするなどして家庭に寄り付かない。

(3) 犯罪性のある人若しくは不道徳な人と交際し、又はいかがわしい場所に出入りする

暴力団員やその周辺者等と交際し、暴走族や不良グループ等に加わったり、その集会に参加したり、これらの者と交際を続けている。暴力団事務所、不良グループのたまり場、風俗店や遊興施設等に出入りする。

(4) 自己又は他人の徳性を害する行為をする性癖がある

風俗店等少年には不適切と認められる場所に出入りしたり、仲間を誘ったり、唆したりして同様なことをさせる。常習的にいわゆる援助交際の相手方となっている。

3 「ぐ犯性」とは？

ぐ犯性は、ぐ犯事由と共にぐ犯少年と認めるために必要な要件だ。

少年法（第3条第1項第3号）には「その性格又は環境に照して、将来、罪を犯し、又は刑罰法令に触れる行為をする虞」と書かれており、次のように解釈されている。

(1) 将　来

「将来」とは、いわゆる近未来ということである。次の(2)との整合性からすれば、現在に相当近接した「近々」となろう。

(2) 罪を犯す虞　刑罰行為に触れる行為をする虞

「罪を犯す虞」、「刑罰行為に触れる行為をする虞」とは、ただ漠然と将来何らかの犯罪行為又は触法行為に及びそうだ、というだけでは足りない。「単に可能性がある」ぐらいでは足りず、より具体的に「特定の罪を犯す蓋然性が高い」と認められることが必要となろう。

(3) 難しいぐ犯性の判断

家出して、いかがわしい店で稼働している児童を保護したところ、見ず知らずの者のアパートに泊まりつつ、乱れた生活を繰り返していた。児童の周りには、ひったくりを繰り返しているのではないかと疑われる者もいる。このまま放置したら、児童もひったくりに手を染めるかもしれない…としてぐ犯送致したのだが、「いかがわしい店とはいえ、児童は十分な収入を得ており、生活苦に陥っておらず、窃盗を犯す蓋然性は認められない」という判断がなされた例がある。

児童のすさんだ生活、周囲の環境等から何とかしなくてはならないと認め、ぐ犯性を検討したのであろうが、特定の罪を犯す蓋然性ということとなると不十分なのである。

(4) ぐ犯事由は認められるがぐ犯性の立証ができない少年の取扱い

ぐ犯性の立証ができないのであれば、ぐ犯少年として家庭裁判所に送致したり、児童相談所に通告したりすることはできない。

しかし、前記(3)の例のようにそのまま放置することもできない少年はどうすればよいのであろうか。まずは、児童福祉法上の要保護性を検討して、要保護児童として児童相談所に通告することを考える。

それも難しい場合は、少年サポートセンターで継続補導を行っていく、関係機関やボランティアと共に少年サポートチームを結成するなどして対応することとなる。

2　ぐ犯少年の取扱い

1　法的根拠

警察が行うぐ犯事件の調査活動には、法律に明文の規定がない。しかしながら、ぐ犯少年と認められる者を発見した場合は、警察の責務から、何らかの措置を執るのは当然のことである。調査の根拠は警察法第２条に求めることとなる[※2]。

2　年齢によって通告・送致先が異なる[※3]

⑴　14歳未満の場合は児童相談所に通告

14歳未満の低年齢の少年である場合は、少年法（第３条第２項）において「都道府県知事又は児童相談所長から送致を受けたときに限り、これを審判に付することができる」とされているので、警察から直接家庭裁判所に送致することはできない。触法少年のような児童相談所長への送致制度もないため、児童相談所に通告するしかないのだ。

しかし、それも、保護者がないか、保護者に監護させることが不適当という「要保護性」がある場合に限るという縛りがかかっている。

保護者がしっかりしている場合は、「警察における補導の措置」を執ることとなる。しかし、ぐ犯事由があるということであれば、「保護者に監護させることが不適当」と認めることは可能であろう。

⑵　14歳以上18歳未満の場合は家庭裁判所に送致、又は児童相談所に通告

14歳以上18歳未満の少年である場合は、規則（第33条第１項）には

※２　規則第27条・第28条、留意事項通達第７

※３　規則第33条

「家庭裁判所の審判に付することが適当と認められるとき」は家庭裁判所に送致、「保護者がないとき又は保護者に監護させることが不適当であると認められ、かつ、家庭裁判所に直接送致するより、児童福祉法の措置による措置に委ねるのが適当であると認められるとき」は児童相談所に通告すると規定されている。

このように、通告・送致先が分かれるのは、少年の保護については、少年法と児童福祉法の２つの法律が適用されるからである。

ところで、少年法は20歳未満を「少年」と定めて対象としているのに対し、児童福祉法は18歳未満を「児童」と定めて、その対象としている。しかし、この２つの法律の対象となる14歳以上18歳未満の少年（児童）はどちらの法律が優先するかということは、どこにも書かれていない。

したがって、これら少年（児童）を家庭裁判所に送致するのか児童相談所に通告するのかは、警察の合理的裁量によることとなる。

簡単に言うと、保護処分に付することが望ましい場合は家庭裁判所に送致するし、児童福祉法による措置の方が望ましい場合は、児童相談所に通告するということとなる。

一般的には、少年の性格や環境に照らして、少年の情状が非常に悪く、少年の行動の自由をある程度制限することもやむを得ないと考えられる場合、しかも、親が少年の措置に非協力的である場合等は家庭裁判所への送致が適当であろう[※4]。

そして、このような事情がなく、福祉的措置を優先すべきと考えられる場合は児童相談所に通告することとなる。なお、罪を犯す危険性が低い場合ということを判断材料とするという考え方もあるようだが、そもそも、ぐ犯には、特定の罪を犯す蓋然性が高いことが必要とされているのだから、「罪を犯す危険性が低いからぐ犯通告」ということにはならない。

送致、通告いずれの措置を執るにせよ、家庭裁判所や児童相談所との

※４　少年法第６条・第41条

連携を密にし、進めることが重要である。

(3) 特定少年（18歳及び19歳の少年）の場合はぐ犯少年の対象から除外

従来、18歳以上のぐ犯少年は、児童福祉法が適用されないことから、家庭裁判所に送致するほかなかった。

令和4年4月に施行された少年法一部改正法により、従来ぐ犯少年として扱っていた18歳及び19歳の少年については、ぐ犯対象から除外され、犯罪行為がない場合は、補導措置での対応を行うこととなった[※5]。

(4) 通告・送致の書類

児童相談所への通告は「児童通告書」により、家庭裁判所への送致は「ぐ犯少年事件送致書」により、それぞれ行うこととなる。通告の場合、急を要し、児童通告書を作成して通告するいとまがない場合は、口頭通告後、その内容を記載した児童通告通知書を事後送付することとしても差し支えない。また、送致の場合は、「身上調査表」のほか、必要に応じ「調査報告書」、「申述書」等を添付する。

3　身柄の取扱いはどうするか

ぐ犯送致・通告の対象となる少年は、家庭に寄り付かず、家出したり一時的に帰宅したりするだけである者が多い。このような場合に、少年の身柄を確保するのは次の方法により行うこととなる。

(1) 少年本人の同意を得る

実務上一番多い方法である。例えば、街頭補導で家出中の少年を発見した場合、少年本人の同意を得て警察署に任意同行する。本人からの聞き取り等調査の結果、ぐ犯少年に該当すると認められればぐ犯送致（通告）の手続を執る。少年が「帰りたい」と申し出た場合には、保護者と連絡を取りつつ必要に応じて説得し翻意を促すこともできる。

(2) 児童福祉法の一時保護による

児童相談所に通告する場合、保護者が連れて行ければ何の問題もない

※5　少年法第62条・第65条、規則第8条・第14条

のだが、ぐ犯少年は親の監督に服していない、あるいは家庭に寄り付かないのが通常だから、そううまくはいかない。

そこで、ぐ犯調査の過程において、少年が要保護児童であると認められたときは、触法調査の場合と同様、まず児童相談所に電話等で口頭通告し、児童相談所長から児童福祉法第33条に基づく「一時保護の委託」を受けた場合は、警察で一旦保護した上で、児童通告書を作成するとともに少年と児童相談所に同行する。

ただし、急を要し、児童通告書を作成して通告するいとまがない場合は、口頭通告の内容を記載した児童通告通知書を事後に送付することとしても差し支えない。

(3) 緊急同行状を発付してもらう※6

家庭裁判所は、少年が所在不明になるおそれや自殺のおそれが高い場合等、少年を緊急に保護する必要があるときに、いわゆる「緊急同行状」を発することができる。ぐ犯少年を家庭裁判所に送致する場合にも、この緊急同行状を発付してもらうという方法がある。

ただ、この同行状は、本来、家庭裁判所が現在取扱い中である事件の少年が対象なので、そのためには本件ぐ犯事件を家庭裁判所に係属させなければならない。そこで、事前に家庭裁判所に電話して、ぐ犯事件があることを口頭で通告することによって、事件を家庭裁判所に受理してもらい、その上で、緊急同行状を発付してもらう必要がある。しかし、家庭裁判所によっては、この電話による通告という方法を認めていないところもあるので、注意してもらいたい。

(4) 送致の際の保護者の同意

一時保護の委託を受けていない場合や緊急同行状が発付されていない場合でも、少年に放浪癖があって、家庭裁判所に身柄と共に送致しなければならない場合がある。このような場合には、少年本人の同意を得るとともに、保護者の同意を得て、保護者に家庭裁判所まで同行してもらうことが望ましい。この場合、警察署員は保護者の補助的な立場で同行

※6 少年法第12条

することとなる。

4　少年等の所持物件の措置

ぐ犯調査では、触法調査のような押収等の手続が法律で定められていない。したがって、少年等の所持物件を措置するときは、相手方の任意の協力を求めるほかない。

少年が暴力団の名刺等の家庭裁判所の審判に必要と認められる物件を所持している場合は、少年の同意を得た上で、一時これを預かる。少年から預かった経過については、「預り書」を作成し明らかにしておく。

少年以外の保護者等がそのような物件を所持している場合は、承諾を得て、当該物件を差し出してもらう。その際には、保護者等に「任意差出書」を作成し提出してもらい、その写しを交付する。

これら預かった物件を少年や保護者等に返還する場合は、返還を受ける者に「受領書」を作成し提出してもらい、てん末を明らかにしておく。

審判に必要とは認められないが、たばこ等の少年の非行防止上所持させておくことが適当でないと認められる物件を少年が所持している場合には、本人に廃棄させるか、権利者等に返還させる。事後の紛議を招かないよう、措置のてん末は文書で明らかにしておく。

第6

送致後の少年の処遇

1　家庭裁判所における処理

1　審判を開始するかどうかを決める調査

(1)　法的調査

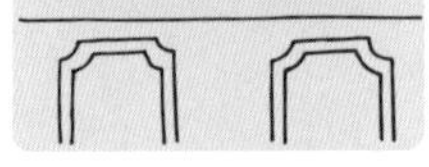

家庭裁判所は、送致・通告を受けるとその非行少年に対する調査を開始する。

裁判官は、送られてきた事件記録に基づいて、「審判条件」があるかどうか、つまり、管轄権の有無、送致手続に誤りがないかどうか、対象者が間違いなく20歳未満であるかといったこと、証拠から非行事実が認められるかといったことについて、法律的な側面等から審査、検討を行う。これが法的調査である。

(2)　社会調査

法的に問題点がなければ、裁判官は家庭裁判所調査官に対して、少年に「要保護性」があるかどうかの調査を命ずることとなる。これが、社会調査である。

社会調査は、少年や保護者、その他の事件に関係した友人・知人等に対する面接調査が中心であり、そのほかに、戸籍照会等の各種照会、家庭訪問による環境調査等が行われる。

少年が後述の少年鑑別所に入っている場合には、鑑別所での行動記録等も参照される。そして、調査官は、これらをまとめた調査結果に処遇意見を付けて裁判官に提出することとなる。

(3)　審判不開始の決定

法的調査の結果、手続違反等があって審判条件を欠けば審判に進むわけにはいかない。当然のことながら審判不開始となる。また、そもそも事件にならないとか、非行を証明することができないとして、非行事実が認められないと判断されたときも審判不開始の決定がなされる。「非行なし審判不開始」と呼ばれるものだ。

法的には問題がなくとも、社会調査によって、要保護性が弱い、したがって、調査官等の指導・訓戒で足りると認められた場合も、審判に付するのが相当でないこととなるから、審判不開始となる。

なお、簡易送致事件については、簡易送致書の審査のみで調査を終了し、特別に問題がなければ、その段階で審判不開始とされている。

<table>
<tr><td rowspan="8">審判不開始</td><td rowspan="5">審判に付すことができない</td><td rowspan="3">審判条件がない</td><td>管轄権がない</td></tr>
<tr><td>手続に重大な違法がある</td></tr>
<tr><td>対象が20歳以上である　等</td></tr>
<tr><td rowspan="2">非行事実がない</td><td>非行が成立しない</td></tr>
<tr><td>非行の証明がない</td></tr>
<tr><td rowspan="3">審判に付すことが相当でない</td><td>保護的措置で十分</td><td>要保護性が弱く、調査官等による指導・訓戒で足りる</td></tr>
<tr><td>別件の保護処分等で十分</td><td>少年院収容中・保護観察中等、別件の保護処分に付されており、それ以上の措置を加える必要性がない</td></tr>
<tr><td>事案が極めて軽微</td><td>簡易送致事件のように事案が軽微で要保護性がない</td></tr>
</table>

2　少年鑑別所送致～保護処分ではない

(1)　少年鑑別所は資質鑑別をするところ

少年鑑別所…。名称を見ると、少年院と同様に、保護処分を受けた少年が入れられるところと思っている人もいるかもしれないが、そうではなく、文字どおり少年を鑑別する・資質を見分けるところだ。

少年鑑別所は、家庭裁判所の行う審判やその後の保護処分の執行に役立たせるため、医学、心理学、教育学、社会学その他の専門知識に基づいて少年の資質鑑別を行うことを任務としている。

(2)　鑑別所送致は観護の措置の１つ

20歳以上の者の事件では、被疑者が起訴された後も起訴後の勾留により身柄を拘禁しておくことができるが、少年事件では、家庭裁判所に事件を送致はするものの起訴されるわけではないから、起訴後の勾留はできない。

しかし、審判を行う上で少年の身柄が必要な場合は当然にある。そこで、家庭裁判所の最終判断（終局決定）まで少年の身柄を暫定的に確保しておく手段として少年法に定められているのが「観護の措置」なのである[※1]。

つまり、裁判官は、送られてきた少年を審判に付するものと判断し、かつ、身柄を確保しておく必要性があると認めたときに、観護の措置を執る。

この観護の措置には、家庭裁判所調査官による観護と少年鑑別所送致の２種類がある。しかし、調査官による観護は、調査官の人格的な力によって観護の目的を達しようとするものであり、「逃げたい」と思っている者の身柄を確保することは事実上不可能なので、あまり利用されていない。だから、一般的に「観護の措置」といえば、ほとんどの場合は少年鑑別所送致を意味している。

⑶　入所は原則２週間

少年鑑別所に収容する観護の措置の期間は、原則２週間である。ただし、特に必要があるときは、１回に限って更新できるので、通じて４週間までとなる[※2]。

しかし、重要な犯罪に関しては期間を延長できることとなっており、犯罪少年による死刑、懲役又は禁錮に当たる罪の事件で、証人尋問等を行うと決定した場合、又は既に証人尋問等を行ったが、引き続き少年を収容しておかなければ、審判に著しい支障が生じるおそれがある場合には、更に２回の更新ができることになり、これによって、最大８週間の収容が可能となっている[※3]。

※１　少年法第17条第１項

※２　少年法第17条第３項

※３　少年法第17条第４項

3　逆送～事件を検察官へ送り返すことがある

非少年事件の場合等は、一般の裁判所に係属したならば、そこで何らかの判決等が下される。検察庁に事件を戻したり、他の機関に事件を送ったりすることはない。

しかし、少年事件については、一旦家庭裁判所に送られた事件を、検察官に送り返す場合があるのだ。いわゆる「逆送」である。

(1)　逆送とは

家庭裁判所で調査した結果、又は審判を行った結果、保護処分よりも刑事処分にする方が相当だと認めたときは、事件を検察官に送致しなければならない。これを実務では「逆送」と呼んでいる。

何をもって「刑事処分相当」とするかは一概に言えないが、非行性が非常に進んだ保護処分の効果が期待できない少年による凶悪犯罪の場合は、刑事処分相当となることが多いだろう。

逆送には、「死刑、懲役又は禁錮に当たる罪について」という前提がある。したがって、罰金以下の刑に当たる犯罪の場合は、保護処分ではとても矯正不可能と思われる少年であっても、逆送することはできない。

(2)　重大事件の原則逆送

犯行時16歳以上の少年が故意に被害者を死亡させた事件については、原則として逆送される。また、令和4年4月1日に施行された少年法一部改正法により、18歳及び19歳の特定少年による「死刑又は無期若しくは短期1年以上の懲役又は禁錮に当たる罪の事件」についても、原則逆送の対象に加えられることとなった※4。

ただし、飽くまで原則であり、犯行の動機や態様、犯行後の状況、少年の性格や周囲の環境に照らして、刑事処分以外の措置が相当と認めら

※4　少年法第62条第2項

れる場合は、逆送しないこともできる[※5]。

(3) 本人が20歳に達した場合の逆送

本人が20歳に達すれば、家庭裁判所には審判権がないので、検察官に送り返さなければならない。

犯行時に少年であったとしても、20歳に達した場合、もはや少年審判の対象とはなり得ないのである。

だからこそ、20歳の誕生日間近の少年による事件の捜査は急ぐ必要があるのだ[※6]。

4　児童相談所長へ送致する場合

家庭裁判所が調査した結果、審判に付すよりも児童福祉法の規定による措置が相当であると認めた場合は、事件を児童相談所長に送致する[※7]。

つまり、少年自身の非行性（犯罪傾向）が弱く、家庭環境等の面で保護が必要と認められ、継続的な指導を必要とする場合には、児童相談所で対応することとしているのである。

5　審判はどのように行われるか

審判の運営について、少年法は、懇切、和やかに行うとともに、非公開であることなどを定めている[※8]。このほか、少年審判規則（昭和23年最高裁判所規則第33号）で詳細が定められている。

(1) 審判に出席できるのは誰か

審判には、少年、保護者及び付添人が呼び出される。

少年の健全育成のためには、少年から直接弁解を聴く必要があるから、少年が出頭しない場合は審判を開くことはできない。「欠席裁判」は絶対にできないのである。

※5　少年法第20条

※6　少年法第19条

※7　少年法第18条

※8　少年法第22条

保護者や付添人に対して呼出連絡がなされていれば、仮に出席しなくても審判を開くことはできる。しかし、保護者らは、少年の権利の保護や事後の更生のよりどころとしても重要であるので、可能な限りの出席が求められる。

そのほか、少年の親族や、担任教師、保護司等家庭裁判所が相当と認めた者の出席が許されることもある。

裁判所側は裁判官、諸機関、調査官が出席する一方で、捜査機関の出席は制限されており、警察官は出席できず、一定の重大事件に限って、非行事実の認定のために必要な場合には検察官が関与でき、一定の重大事件の範囲については、「死刑又は無期若しくは長期3年を超える懲役若しくは禁錮に当たる罪」に係る事件とされている※9。

また、裁判官3人の合議制で裁定することができ、重大事案で非行事実の存否が激しく争われる場合や関係者が多数で証拠が大量にある場合等は合議制が相当とされている。

⑵ 被害者等による傍聴

少年審判は原則非公開だが、殺人事件等の重大事件の被害者・遺族からの申出がある場合で、家庭裁判所が相当と認めるときは被害者等に傍聴を許すことができる※10。

⑶ 審判の進行順序

はじめに、少年や保護者に対する人定質問を行い、出席者を確認した後、少年に対して黙秘権が告げられる。続いて、非行事実を告げ、それに対する少年の弁解や主張を聴くこととなる。そして、法的調査・社会調査の記録、各種証拠、少年の陳述等から、非行事実と要保護性を総合的に判断し、処分を決定する。

⑷ 処分の態様

審判の結果出される処分としては、前述した検察官への逆送や児童相談所送致のほか、不処分と保護処分がある。

※9 少年法第22条の2

※10 少年法第22条の4

不処分の具体的な内容としては、「調査・審判の過程で少年が十分改心し、要保護性が弱くなったことから、訓戒を与えるなどの保護的措置で十分」というものがほとんどだ。また、別件で何らかの保護処分を受けている、あるいは、事案が非常に軽微であるとして「保護処分に付する必要がないとき」に該当するものもある。

このほか、ほんのわずかではあるが、「非行なし不処分」がある。非行の嫌疑がないとして「この事件について、少年を保護処分に付さない」というものだ。

保護処分には、保護観察、児童自立支援施設・児童養護施設送致、少年院送致の３種類がある。

6　試験観察

保護処分ではないが、保護処分に付すことを前提にしたものとして「試験観察」というものがある。

保護処分は、一旦決定されると原則として変更できない。だから、家庭裁判所は慎重な判断をする必要がある。社会調査だけでは判断に迷うときがあり、その場合はいかなる保護処分にするかの決定を出しづらい。そこで、しばらくの間（おおむね３～４か月）、調査官に定期的な面接を行わせるなどして少年を観察させ、見極めるために行うのが、この試験観察である。一般的には審判の過程で試験観察の決定が下されている。

2 保護処分の実際

1 保護観察

保護観察とは、少年を施設へ収容せず家庭等に置いたまま、その改善更生を図る処遇である。その状態で、保護観察官及び民間人である保護司が、少年に対して遵守事項を守るように指導監督する。

遵守事項としては、転居や長期旅行をする場合にはあらかじめ許可を求めるなどの法定の一般遵守事項と、少年ごとに個別に定められる特別遵守事項があり、遵守事項を守らなかった場合の措置も定められている。

保護観察には、少年院を仮退院した者や刑務所を仮出所した者に対するものなどいろいろな種類がある。

保護観察の期間は、原則として少年が20歳に達するまで（20歳に達するまでに2年に満たない場合は2年間）とされているが、品行方正で、保護観察の必要がないと判断されれば、一般保護観察では1年又は6か月を超えた時点、交通保護観察では6か月を超えた時点で解除・停止されることにもなる。

なお、当初から観察の期間を短く定めた一般短期保護観察（おおむね6か月以上7か月以内）、交通短期保護観察（3か月以上4か月以内）に付されることも少なくない[※11]。

なお、令和4年4月に施行された少年法一部改正法により、18歳及び19歳の特定少年の保護処分についての特例が新設され、審判を開始した少年につき、少年が特定少年である場合には、審判開始後に保護処分に付さない場合（児童福祉法の規定による措置又は刑事処分が相当）を除いて、

① 6か月の保護観察所の保護観察に付すること

※11 少年法第24条

② 2年の保護観察所の保護観察に付すること

③ 少年院に送致すること

のいずれかの保護観察処分をしなければならないとされた[※12]。

2　施設への送致

(1) 児童自立支援施設

不良行為をしたか、するおそれのある児童、家庭環境その他の環境上の理由により生活指導等を要する児童を入所させ、又は家から通わせて、指導を行いながら自立を支援することを目的とする施設である[※13]。

かつては、「教護院」といわれていた。これは、施設の目的が教護（教育・保護）にあったからであるが、現在はその目的を自立の支援と改めている。

また、以前の対象は不良行為をした（するおそれのある）児童であったが、現行法では、環境上の理由により生活指導を要する児童が加えられている。

家族的な形態のものと集団生活をする寮形態のものがあり、自由に出入りできる開放的な施設での処遇が原則である。

(2) 児童養護施設

こちらは、かつて「養護施設」といわれていたものである。乳児を除いて、保護者のない児童、虐待されている児童その他環境上養護を要する児童を入所させて、これを養護し、併せて自立を支援する施設である[※14]。

児童指導員と呼ばれる児童の生活指導のほか児童の生活指導計画の立案や連絡調整を行う職員を始め、嘱託医、保育士、栄養士、調理員等が置かれている。保育士は、児童の日常生活に最

※12　少年法第64条

※13　児童福祉法第44条

※14　児童福祉法第41条

も密着した仕事、心身の発達に直接関わる内容を担当している。

3 少年院への送致

(1) 少年院とはどういうところか

少年院は児童自立支援施設と異なり、開放施設ではない。このため、収容中の少年は「法令により拘禁された者」に当たると解されており、その意味で、保護処分の中で最も強力な処遇である。

ただし、飽くまでも保護処分の１つだ。

院内での生活を通じて、健全な生活習慣・学習習慣を身に付けさせ、社会復帰のために役立つ教育を進めていくものである。非行への罰として拘束しているのではないということをしっかり理解しておこう。

なお、収容可能年齢の下限がおおむね12歳以上とされており、触法少年であっても、特に必要な場合は、少年院に収容され得る[※15]。

(2) 少年院の種類、収容者の類型、入院期間

少年院の種類は少年の年齢や性格に合わせて第１種から第５種までの５種類がある。

平成26年に全面改正された少年院法（平成26年法律第58号）により、名称も変更された。どの少年院に送致するかは、非行の常習性や問題の程度、社会適応力の程度等に応じて判断するわけだが、第２種少年院送致と刑事処分相当との違いを意見するのはなかなか難しいだろう。

<table>
<tr><th>旧制度における
少年院の種類</th><th></th><th>新制度における
少年院の種類
（H27.6.1～）</th></tr>
<tr><td>初等少年院</td><td rowspan="2">⇒</td><td rowspan="2">第１種少年院</td></tr>
<tr><td>中等少年院</td></tr>
<tr><td>特別少年院</td><td>⇒</td><td>第２種少年院</td></tr>
<tr><td>医療少年院</td><td>⇒</td><td>第３種少年院</td></tr>
<tr><td>（少年院において刑
の執行を受ける者）</td><td>⇒</td><td>第４種少年院</td></tr>
</table>

※15 少年院法第４条

また、各少年院において少年に対して行う矯正教育課程の指定については、専門的判断を要するため、警察の書く処遇意見では、送致すべき少年院の種類（第１種～第３種）のみを記載すれば足りる。

いずれの場合も、少年をどう処遇するかについては家庭裁判所が決定するものであり、処遇意見と実際の決定が異なることはしばしばあるが、だからといって、警察の「意見」として書く以上は、捜査・調査の結果を踏まえて、しっかりと書かなければならない。

なお、各少年院に収容される者の類型、標準的な入院期間は、以下のとおりである。

少年院の種類	収容者の類型	標準的な期間
第１種	保護処分の執行を受ける者であって、心身に著しい障害がないおおむね12歳以上23歳未満のもの（第２種に該当する者を除く。）	矯正教育課程に応じ２年以内又は６月以内
第２種	保護処分の執行を受ける者であって、心身に著しい障害がない犯罪的傾向が進んだおおむね16歳以上23歳未満のもの	２年以内
第３種	保護処分の執行を受ける者であって、心身に著しい障害があるおおむね12歳以上26歳未満のもの	２年以内
第４種	少年院において刑の執行を受ける者	刑の内容による。
第５種	少年法第64条第１項第２号の保護処分の執行を受け、かつ、同法第66条第１項の規定による決定を受けた者	１年以内

⑶　退院と仮退院を間違えるな

少年院送致となっても満期まで収容される者は少なく、99パーセント以上が仮退院となる。ところが、少年の方は「少年院を出てきた」とだけ言うから、執行を終わった「退院者」と勘違いしやすい。また、飽くまでも仮退院であるから、晴れて自由の身になったわけではなく、原則として20歳に達するまでは保護観察に付されている。刑法犯被疑者情報票（少年）の前回処分は「仮退院中」となるから、「退院」、「保護観察中」と混同しないように十分注意してもらいたい。

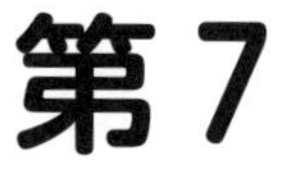

第7 少年の立ち直り支援と少年非行防止

1　非行少年を生まない社会づくり[※1]

少年の犯罪は、平成16年以降減少傾向にあるものの、非行少年に占める再犯者の割合は3割を超えているほか、依然として社会の耳目を集める重大凶悪事件が発生するなど、予断を許さない。

こうした少年非行の背景には、少年自身の規範意識の低下やコミュニケーション能力の不足、少年の規範意識の醸成を担ってきた家庭や地域社会の教育機能の低下、さらには少年が自分の居場所を見いだせず、孤立し、疎外感を抱いているということにあると言われている。

警察では、少年の規範意識の向上や社会とのきずなの強化を図るとともに、少年を厳しくも温かい目で見守る社会機運を向上させるなど、「非行少年を生まない社会づくり」を強力に推進している。

1　少年に手を差し伸べる立ち直り支援[※2]

警察では、問題を抱えた少年の立ち直りを図る取組として、継続補導、社会奉仕体験活動等への参加促進等を行ってきたが、非行を繰り返す少年の中には、周囲の環境や自分自身の問題を抱え、再び非行に走りかねない状況にあるにもかかわらず、本人や保護者が警察などに相談できないでいる者もいる。

このような少年に対しては、警察から積極的に手を差し伸べ、地域社会とのきずなの強化を図る中でその立ち直りを支援し、再び非行に走ることを防止する活動を行っている。

※1　「非行少年を生まない社会づくりの推進について（通達）」（令和4年3月29日付け警察庁丙少発第15号）

※2　「少年に手を差し伸べる立ち直り支援活動の実施要領等について（通達）」（令和4年4月5日付け警察庁丁人少発第9号）

警察の取扱いがあった非行少年のうち、家庭裁判所の終局決定後の事情等を総合的に勘案して、支援が必要と認められる少年やその保護者に、警察から積極的に連絡を取って手を差し伸べ、保護者の同意（特定少年にあっては本人の同意）が得られれば、その少年の立ち直り支援活動を行っている。

問題を抱えた少年の立ち直り支援では、少年と地域社会とのきずなを構築することが重要であることから、継続的に少年やその保護者と連絡を取り、相談を聞いたり助言を行ったりするとともに、少年警察ボランティアや地域住民、関係機関と協働して少年の就学や就労に向けた支援、少年の社会奉仕体験活動、生産体験活動等への参加機会を作り、個々の少年の状況に応じた支援活動を推進する必要がある。

2　少年を見守る社会気運の醸成

これら支援活動を推進するに当たっては、活動の趣旨を関係機関に説明し、必要に応じて連携をしなければならない。

児童相談所や学校等の関係機関・団体と連携したサポートチームの設置や、ハローワークと連携した就労支援等は特に強力に押し進める必要がある。

少年の規範意識の向上を図るためには、少年を取り巻く地域住民の理解と協力が不可欠であり、また、少年を見守る社会機運を向上させるためには、地域ぐるみの総合的な取組へと発展させる必要がある。

そのため、自治会、企業、各種地域の保護者の会に対し、地域の非行情勢や非行要因等について適時適切に情報を発信するように心掛けなければならない。

支援対象少年に対する就労支援や社会奉仕体験活動等には、企業等の参加や協力を得ることが効果的であるから、企業等に対して、地域の非行情勢や非行要因等について情報発信を行い、理解や参加・協力の促進を図る必要がある。

2 継続補導による立ち直り支援

1　継続補導とは？

「補導」というと、不良行為少年の補導をイメージする人が多いだろう。

また、少し勉強した人であれば、触法少年の場合は「検挙」といわず、「補導」ということを知っていて、「捕まえる」というイメージを抱くかもしれない。そんな「補導」を継続すると言われても、なんだか理解しにくいと感じるだろう。

継続補導については、規則第8条第2項に「少年相談に係る少年について、…本人に対する助言又は指導その他の補導を継続的に実施するものとする」と規定されている。

継続補導の対象は、少年相談に係る少年のほか※3、

① 触法少年で送致又は通告を要しない者

② 14歳未満のぐ犯少年で通告を要しない者

③ 不良行為少年

である。以前は、①・②・③のみが継続補導の対象となっていたが、継続的な助言、指導等の補導対象を触法少年・ぐ犯少年・不良行為少年に限定せず、広く悩みや困りごとの解決に関する援助を求めてくる少年をも含むこととしたのである。

2　立ち直り支援の重要性

逮捕した少年の事件をつい先日検察庁に送ったと思ったら、街で見掛けたり、警察署に「いろいろ御迷惑を掛けました」などと挨拶に来たりしたという経験はないだろうか。警察から検察庁や家庭裁判所に送致・通告し

※3　規則第8条第2項から第4項まで・第13条第3項・第14条第2項

た少年のうち、少年院送致になる者は3パーセント程度、刑事施設に収容される者となると1パーセントにも満たない。つまり、検挙した少年の95パーセント以上は、すぐに地域社会に戻ってくることとなる。その少年たちは、我々も暮らす地域社会で自らの行為を反省し、自らの力で立ち直らなければならないのだ。したがって、彼らが立ち直ることができるよう、関係機関やボランティアとも協力して、しっかり支援してやることが重要である。

3 少年に手を差し伸べる立ち直り支援活動との違い

少年に手を差し伸べる立ち直り支援活動は、継続補導として位置付けられているものの、継続補導が「少年相談にかかる少年」や「不良行為少年」等を対象としているのに対し、手を差し伸べる立ち直り支援活動は「過去に非行少年として取扱いのあった少年」のうち、周囲の環境等を総合的に勘案した上で、再び非行に走りかねない可能性がある少年を対象としているところに大きな違いがある※4。

※4 規則第8条第2項・第13条第3項・第14条第2項、「少年に手を差し伸べる立ち直り支援活動の実施要領等について（通達）」（令和4年4月5日付け警察庁丁人少発第9号）

3　少年サポートセンター

1　少年サポートセンターとは

「少年サポートセンター」は、少年補導職員を中核とする少年警察活動について中心的な役割を果たすための組織※5として、既に全都道府県警察に設置されている※6。皆さんのところにも、名称や規模の差こそあれ、「少年サポートセンター」があるはずだ。

少年サポートセンターは、少年非行の防止や被害少年の支援等の中核という重要な責務を負い、大きな期待を受けて設置されており、関係機関やボランティア団体等と連携して、街頭補導、継続補導、少年相談、広報啓発、被害少年支援等の活動を行っている。

2　少年サポートセンターによる継続補導

幅広い活動を行う少年サポートセンターであるが、その中でも最も重要な職務の１つが継続補導である。

継続補導は、少年サポートセンターに配置された少年補導職員等が実施するのが原則とされている。ただし、少年が少年サポートセンターから遠隔地に居住している場合や、地元警察署に適当な少年補導職員等がいる場合に限り、少年サポートセンターの指導の下、少年警察部門に属するその他の警察職員が実施するとされている※7。継続補導を進める上での少年サポートセンターの役割はとても大きいのである。

※5　留意事項通達第２の３

※6　規則第２条第14項

※7　留意事項通達第３の３

3 事件担当からの引継ぎの重要性

少年の立ち直りのためには、少年をただ機械的に検挙・補導するだけではダメだ。その少年が立ち直るために何が最善かを考えなければならない。

そのためには、事件捜査を担当する者と少年サポートセンターにおいて立ち直り支援に当たる者との間での引継ぎ・連携が必要である。特に事件担当者は、継続補導の対象となる少年について、継続補導に有用な情報を少年サポートセンターに引き継ぐことが重要である。

4　集団的不良交友関係の解消に向けた対策

1　集団的不良交友関係を背景とする少年事件の現状

刑法犯少年の検挙人員は減少傾向であるが、少年事件の共犯率は依然として高く、集団的不良交友関係を背景とする凶悪事件の発生が後を絶たない状況である。

また、非行集団等のような組織性の高い集団には属さないものの、より緩いつながりの不良交友関係にある少年が、準暴力団等の犯罪者グループとの関わりを背景として特殊詐欺や薬物犯罪に手を染める実態も認められる。

今後の少年非行防止については、単に少年を検挙・補導するだけにとどまらず、あらゆる警察活動において少年の不良交友関係を把握し、これを分析した上で、集団的不良交友関係の解消に向けた対策を推進する必要がある[※8]。

2　居場所づくりによる非行集団からの離脱対策

ある県の調査によれば、暴走族少年の約4割が脱会を希望しているという。毎月の会費は高いし、臨時のカンパも要求される。定例の集会に出なかったら何をされるか分からない。本当は早く辞めたい。それが、脱会できないでいるのはなぜか。脱会金の高さや、リンチの怖さもある。しかし、それだけではない。もともとは、家庭や学校等一番身近な場所に自分の落ち着ける場所がない。すなわち、この集団から離れたら、自分の居場

※8　「非行集団等に対する実態把握等の強化について（通達）（令和元年5月24日付け警察庁丙少発第6号）」、「集団的不良交友関係の解消に向けた対策の推進について（通達）」（令和4年3月31日付け警察庁丁少発第356号）

所がなくなってしまうという不安によって、居残っている場合が結構多いのである。

地域社会に受け皿がないと、自らの非行を反省し、更生の道を歩もうと思っていても、再び非行集団に戻らざるを得なくなってしまう。非行集団から離脱させるためには、離脱時の保護対策とともに、少年のよりどころとなる居場所を提供することが重要だ。ボランティアと協力して勉学、就労の支援を行うことも選択肢の１つだろう。また、各種行事や活動に、非行や不良行為に手を染めた少年を参加させることも大切である。環境美化活動や社会奉仕活動で人との触れ合い、他人から感謝されることの意義を理解させる。新たな生きがいを見つけることができれば、その時、社会の中にある自分が見えるようになる。

3　非行集団への加入阻止対策

非行集団からの離脱対策と共に重要なことは、そもそも、少年を非行集団に加入させないことである。

非行少年グループは、出身中学校を基本として構成されることが多いので、ここにメスを入れる必要がある。非行防止教室等を適時適切に開催して、非行集団への加入を阻止することが大切だ。

暴力団と同じで一度入ったらちょっとやそっとでは抜けられないということを強調してもらいたい。甘い言葉に誘われて、安易に入ってしまうと、いざ「辞める」と言い出したときに待っているのは暴力（リンチ）と法外な脱会金だ。このリンチで命を落とす者もいるという恐ろしい現実を教示してもらいたい。

5　少年の社会参加活動

1　社会参加活動の重要性

少年の社会参加活動とは、少年が社会に主体的な関わりを持つ活動をいう。警察が関係機関や団体等と連携してこれを推進することによって、少年の非行を防止し、その健全な育成を図ろうとするものであり、対症療法ではなく、少年非行の根源的な解決を目指したものである。

少年が地域社会の活動に参加することは、少年が地域の人々との交流を通じて、地域社会の一員としての自覚を育むことにつながり、少年の規範意識を高めるためにも非常に重要である。

2　良い子だけの社会参加活動にとどまるな

環境美化活動にしても、社会奉仕活動にしても、多くの子供の参加を促し、地域社会になじんでもらうことが大切だ。例えば、農作業の体験活動等が挙げられる活動の１つといえる。「何で警察官である自分が、こんなことまで…」などと言わずに取り組んでもらいたい。

ただ、警察という立場を考えた場合、それでおしまいというのでは寂しい。警察としては、いわゆる「良い子」だけでなく、むしろ、非行に手を染めた少年や非行集団の構成員をいかに多くこの活動に参加させるかということに意を注がなければならない。

継続補導を行っている少年を社会奉仕活動に参加させたり、暴走族グループ等の非行集団グループと共に環境美化活動を実施したりする。これは、言うは易しだが、そんなに簡単なものではない。継続補導の対象となっている者ならば、自ら相談に訪れたり、保護者の同意を得たりしているからまだよい。しかし、現役バリバリの暴走族となると、「町内の清掃に参加しましょう」と声を掛けただけで、参加が得られるはずがない。一人、二人義理で顔を出す者もいるかもしれないが、グループ全体を参加させるとなると相当な苦労が伴う。犯罪捜査の過程で、皆さんがどれだけ少年のことを考えて手続を進めてきたか、平素の管内の実態把握や街頭補導活動等を通じ、非行集団等とどれだけ信頼関係を築けているかにかかってくる。まさしく、皆さんの手腕の見せどころだ。

3 スポーツ活動も社会参加活動のひとつ

少年の社会参加活動の中で、スポーツ活動は極めて重要な位置を占めている。少年柔剣道教室がその代表的なものであるが、このほかにも、各都道府県警察で地域の特性をいかした様々な取組が実施されている。スポーツ活動は、少年自身が楽しめるので、多くの少年が参加しやすい。しかも、少年だけでなく大人と交流することもできるという観点から、正に少年の健全育成のために効果的な取組といえるだろう。

6 情報発信

1　情報発信はなぜ必要なのか

警察だけで少年問題の解決が図れるわけではない。少年問題は、社会全体の問題であり、学校その他の関係機関の協力が不可欠である。しかしながら、この協力は、じっと待っていても向こうからはやって来ない。協力を得るための努力をしなければならないのである。

そこで、警察としては、まず、自治体、学校、少年警察ボランティア等の関係機関・団体と顔の見えるネットワークを構築することが重要である。その上で、国民の視点に立った少年非行防止対策を推進する。さらに、これら関係機関、民間ボランティア団体等が自発的に活動できるようにも支援していかなければならない。

また、地域住民にも、警察や関係機関が行う施策を遠くから眺められていては困る。「地域の少年は地域で育てる」という意識を持ってもらわなければならない。

このように、関係機関・団体や地域社会等にも少年問題の解決に向けた意識を持ってもらい、少年の健全な育成に関する理解を深めるためには、現状を理解してもらう必要がある。

だからこそ、個別の少年のプライバシーに配意しつつ、少年の非行や犯罪被害の実態、そして、少年警察活動の状況に関する情報を積極的に発信して関心を持ってもらうことが大切なのである。

2　何を情報発信するのか※9

第1は、少年非行の実態。全刑法犯の約1割、街頭犯罪の3割強が少年

※9　規則第10条

という実態はもちろんだが、それだけでは足りない。教育関係者に対しては、非行少年の約６割が中学生・高校生だという事実も伝えなければなるまい。薬物事犯では有職少年・無職少年が目立つことから、ついつい、「非行少年イコール高校に行っていない少年」と勘違いしている関係者もいるからだ。

第２に、少年の犯罪被害の実態だ。犯罪被害に遭わないために刑法犯の被害実態に加えて、福祉犯の被害実態の情報発信も重要である。

ＳＮＳの利用をきっかけにして、自らの裸の画像を相手に送ってしまう児童ポルノ被害や、ＳＮＳで知り合った人と会うことによる性被害、誘拐等の被害に遭う児童が後を絶たない、という実態をぜひ伝えてほしい。

第３に、これらの状況を踏まえて警察がどう対応しているかだ。

非行少年の検挙とともに、その更生に向けて具体的にどのように取り組んでいるか。被害少年のケア、そして、少年犯罪によって被害を受けた人に対してのケア等、警察の対応をしっかりと説明し、その理解を得る。もちろん、時には警察の対応への批判も出てこようが、その際は、謙虚に受け止め、改善できるところは改善するなど、今後の参考にしよう。このキャッチボールによってこそ、学校その他の関係機関の協力が得られることになり、連携を深めることにつながるのである。

7　薬物乱用防止教室・非行防止教室

1　学校へ積極的に出向くことの重要性

「罪を犯してはいけません」。そんな常識的なことを話すためにわざわざ学校へ行く必要があるのか…と思ってはならない。これが本当に常識ならば、刑法犯の約１割が少年であったり、そのうちの約６割が中学生・高校生であったりはしないのだ。さらに、犯罪として計上されない小学生による万引き等を中心とした触法事件も決して無視できない。

少年に、罪を犯すことがいけないことだということを理解させるとともに、犯罪被害に遭わないために必要なことを教えることは、家庭や学校の役割といえよう。しかし、学校側からの要望や依頼に基づいて、あるいは警察から積極的に申し入れて、警察官や少年補導職員等が学校に出向いて児童生徒に直接語りかける非行防止教室・薬物乱用防止教室を開催することも極めて効果がある。常日頃、犯罪捜査等に携わっている警察官や少年補導職員から、直接、罪を犯すとどうなるかなどの説明を受けることは、少年にとって相当インパクトのあるものなのだ。

2　できるだけ多くの学校で薬物乱用防止教室を

⑴　薬物乱用防止五か年戦略

平成９年に、覚醒剤検挙人員が２万人近くまでになり、中学生・高校生の検挙人員も激増した。これを受けて、平成10年、内閣総理大臣を本部長とする薬物乱用対策推進本部において、「薬物乱用防止五か年戦略」が制定された。そして、この中で、目標の１つとして、「すべての中学校・高校において、少なくとも年１回の薬物乱用防止教室を開催するよう努めること」が掲げられた。この目標は、平成30年からの第五次五か年戦略にも引き継がれている。さらに、第四次五か年戦略からは、「地域の実情に応じて小学校においても開催に努めること」が追加された。

(2) 各学校で毎年１回実施

この薬物乱用防止五か年戦略では、薬物乱用防止教室を年１回実施するという目標を掲げているが、これは、飽くまでも「各学校が年に１回薬物乱用防止教室を実施する」というものである。警察署等から毎年必ず全ての学校に赴いて実施しなければならないということではない。そもそも、薬物乱用防止教室は、飽くまでも学校が主体となって企画・運営を行うものである。その年その年の実施の趣旨・目的によっては、学校単独で実施することもあろうし、講師として、医師や薬剤師、薬務行政担当者を招くこともあるだろう。しかし、薬物乱用少年と直接接しているのは警察である。薬物によって心や身体に異常を来した状況等その惨禍を目の当たりにしている。そういうことからも、学校警察連絡協議会等の場を利用して、警察官が学校に出向いて指導することについて理解と協力を得ていこう。

学校で薬物乱用防止教室を実施することは、少年警察の体制が必ずしも十分でない中、しかも、事件処理に追われる中、非常に難しい。また、近年では、新型コロナウイルス感染症拡大防止のため、対面形式での実施も難しくなっており、より困難さが高まっている。しかし、オンラインで実施するなど、創意工夫を凝らし、ぜひとも１校でも多く実施できるように努力してもらいたい。

3　薬物乱用防止広報車を積極的に利用しよう

中学校・高校だけでなく、地域の講演会、街頭キャンペーン等の機会を利用して、幅広く薬物乱用防止に係る広報啓発活動を実施していることと思う。

これらの開催に当たっては、講義形式だけでなく、薬物乱用防止広報車を大いに活用したい。モニター、パネル、薬物標本等の視覚的効果を有する資器材を搭載したこの車は、少年のみならず、大人にも関心を持ってもらうことに非常に役立つ。基本的には、各県に１台しかないので、できるだけ効果的な運用を心掛けてもらいたい。

4　「薬物は有害・危険」だけではダメだ

いざ、薬物乱用防止教室の講師のお鉢が回ってきたらどうするか？

パンフレットを見ながら、「薬物は有害・危険です。一度やったらやめられない。ダメ、ゼッタイ！」と、誰もが知っていることを話すだけではダメだ。学校側としては、警察が持っている新しい情報や薬物汚染の実態を生徒に話して聞かせてほしいのだ。それを、ありきたりの話で終わらせてしまったら、「来年からは警察を呼ぶのはよそう」ということとなる。経験がなかったり少なかったりするのであれば、上司や先輩、同僚に聞くなどして、十分な準備をした上で臨むこと。特に最近では、大麻事犯で検挙される若年層が増えており、その背景に「大麻は有害ではない」や「大麻は依存性がなく、いつでも止められる」等といった大麻に関する誤った情報が氾濫していることが影響していることから、大麻に関する正しい情報を伝えられるよう、万全を期してもらいたい。ぜひとも、「やはり警察にお願いしてよかった」と言われるような話をしてほしい。

5　組織犯罪対策（薬物対策）部門との連携を密にすること

薬物乱用防止教室を効果的に実施するには、平素から薬物問題に大きな関心を寄せておく必要があることは言うまでもない。

最近では、大麻草由来の成分であるＣＢＤ（カンナビジオール）を含有した製品市場が世界的に急激に成長しており、日本でも多くの製品が販売されている。大麻は日本では違法ではないのかと思われるかもしれないが、ＣＢＤと呼ばれる大麻草由来の成分は規制の対象となっていない。そのため、日本でも多くのＣＢＤ製品が販売されているが、中には規制対象となっている大麻草由来成分ＴＨＣ（テトラヒドロカンナビノール）が製品内に含まれており、違法となる場合もある。このような最新の情勢も盛り込み、学生たちに注意喚起しておかなければ効果的な薬物乱用防止教室とはいえないだろう。今後も薬物関連の新しい「トレンド」が発生するだろうが、そのときに皆さんが「何？それ」で、高校生のほとんどが知っていたとしたら、笑い話にもならない。

そのため、アンテナを張り巡らし、最新の薬物関連の情勢を的確に把握しておくことに加え、薬物対策を所掌している組織犯罪対策部門（薬物対策）と日頃から連携しておくことが重要だ。

6　入手方法等に関する情報は慎重に扱おう

生徒を引き付けるために、ついつい「○○通りを物欲しげに歩いていると、お兄さんが声を掛けてくる」とか、「○○のような使い方をする方が効き目があるらしい」、「インターネットで○○と検索したら出てくる」といった話をしたくなる。しかし、これには気を付けてもらいたい。子供たちに危険性が認識され、「甘い言葉に御用心」の意識がはっきり伝わればよいが、1つ間違うと、おかしな興味を持たせ、買い方・使い方を教えることとなってしまう。入手方法・使用方法についての情報は、基本的には不要と考えよう。

7　非行防止教室も活用しよう

一般の非行防止や犯罪被害防止、少年の規範意識の向上を図るための非行防止教室も大変重要である。

通達等では「非行防止教室」、「薬物乱用防止教室」、「犯罪被害防止教室」等と使い分けているが、実際にそれぞれの教室を厳密に使い分けて実施していては、全ての学校で薬物乱用防止教室を実施するという目標の達成はままならない。せっかくのチャンスを最大限いかすべく、得られた機会の中で、これら全てを網羅できるよう工夫することも考えよう。

その時々の社会的関心（例えば学校の安全対策）が高い話題をきっかけにして、学校に働き掛けることで開催につなげるという方法もあろうが、警察官や少年補導職員であるからこそ、少年たちにその時の犯罪等の情勢に即した現実味と説得力のある指導を行うことができるということを積極的にアピールしていこう。

⑴　基本的な留意点

非行防止教室は、少年の健全育成を図る機会ということ、教育的な立場から実施するということを忘れてはならない。

また、具体的な事例を説明する場合には個人のプライバシーの保護に十分注意するとともに、事例の説明等により非行や犯罪手段を教示してしまうことのないように注意しよう。

⑵　非行防止教室の進行例（小学生対象）

1　はじめに
　○　警察の仕事とは
　　※　警察の仕事について簡単に説明する。
2　犯罪について
　　※　小学生が理解できる犯罪の種類を分かりやすく説明する（万引きは犯罪など）。
3　犯罪の被害に遭わないように
4　なぜ悪いことをしてしまうのか
　　※　常に結果を考えて行動できるよう教える。
5　どうしたら悪いことをしないで済むようになるか
　　※　自分や家族を大切にすることが大事であることを教える。
6　おわりに
　　※　希望と期待を持たせるように締めくくる。

ここでは、小学生を対象とした例を挙げたが、中学生、高校生さらには保護者へと対象が変われば、おのずと内容も変わるし、その時々の非行情勢に見合った内容でなければならない。また、開催する学校の教員との事前の十分な打合せも大切である。

第8

少年の福祉を害する犯罪の取締り

1　福祉犯の取締り

1　福祉犯って何？

「福祉犯を取り締まれ」と言われても、福祉犯の意味が分からなければ取締りのしようがない。福祉犯とはいったい何だろう。

規則第37条では、福祉犯を「児童買春に係る犯罪、児童にその心身に有害な影響を与える行為をさせる犯罪その他の少年の福祉を害する犯罪であって長官（注：警察庁長官のこと）が定めるものをいう」と規定している。

この規定を読んで、児童買春、児童ポルノに係る行為等の規制及び処罰並びに児童の保護等に関する法律（平成11年法律第52号。以下「児童買春・児童ポルノ禁止法」という。）違反、あるいは児童福祉法違反等が浮かんでくるだろうか。福祉犯とは、子供の未熟が故の心のスキや弱い立場を利用して子供を食い物にする犯罪のことだと理解しよう。

少年は未成熟であるから、十分な保護を受けつつ、健全に育成されるべき存在である。これが少年の福祉といえよう。そして、これを侵害し、少年の健全な育成を妨げるような犯罪を福祉犯としている。

2　福祉犯の種類

(1)　少年の保護を直接の目的としたもの

法律の目的が少年（児童）の福祉であったり、あるいは、いろいろある目的の中に少年（児童）の福祉があったりして、その目的を達成するために、一定の行為を禁止し、罰則を設けているものがある。具体的には、次のようなものである。

○ 「二十歳未満ノ者ノ飲酒ノ禁止ニ関スル法律」、「二十歳未満ノ者ノ喫煙ノ禁止ニ関スル法律」に規定された、少年が自ら飲酒・喫煙することを知った上での販売（知情販売）

○ 「労働基準法（昭和22年法律第49号）」に規定された、年少者を深夜業に使用したり危険・有害業務に従事させたりすることの制限違反

○ 「児童福祉法」に規定された、児童を酒席に侍する行為を業務としてさせる行為等の禁止違反

○ 「風俗営業等の規制及び業務の適正化等に関する法律（昭和23年法律第122号）」に規定された、営業所で18歳未満の者に接待をさせる行為等の児童に対する禁止行為違反

○ 「インターネット異性紹介事業を利用して児童を誘引する行為の規制等に関する法律（平成15年法律第83号。以下「出会い系サイト規制法」という。）」に規定された、性交等の誘引行為等の禁止違反

○ 「児童買春・児童ポルノ禁止法」に規定された、児童買春、児童ポルノ提供等

○ 都道府県が制定している、いわゆる「青少年保護育成条例」に規定された淫行等の禁止違反

(2) 少年が相手だと福祉犯とされるもの

20歳以上の者に対して行っても違法であるが、その行為が少年に向けられた場合には福祉犯とされるものがある。具体的には、次のようなものだ。

○ 「職業安定法（昭和22年法律第141号）」に規定された、有害業務への職業紹介禁止違反

○ 「覚醒剤取締法（昭和26年法律第252号）」に規定された、覚醒剤の使用、譲渡

○ 「毒物及び劇物取締法（昭和25年法律第303号）」に規定された、18歳未満の者に対する毒物・劇物の知情交付

3　被害少年の保護が究極の目的

(1)　検挙一辺倒ではダメ

少年を食い物にしている輩を放っておくわけにはいかないから、福祉犯は積極的に取り締まらなければならない。福祉犯の取締りは、非行少年の検挙・補導及びその立ち直り支援とともに、少年の健全育成上極めて重要な仕事なのである。

ただ、その究極の目的は少年の保護にあるということを常に念頭に置いてもらいたい。少年の非行を助長するような悪い環境を浄化するとともに、少年が心身に有害な業務に就いていたり、被害を受けていたりする状況であるならば、それを早期に発見して救出・保護することに目的があるのである。

この「被害少年の保護」という究極の目的に向けて取り組むことこそ、福祉犯捜査を担当する者の任務である。この点をゆめゆめ忘れてはならない。悪逆無道で暴利をむさぼっている福祉犯被疑者を何人も扱うと、時に、被害少年のことを顧みず、被疑者検挙にのみ邁進（まいしん）してしまうおそれがあるから気を付けてもらいたい。

数多くの福祉犯被疑者を検挙して、お褒めの言葉を頂いたとしても、その被害に遭った少年の保護に目を向けることを忘れていたとしたら、少年係員として失格である。

(2)　被害少年についての活動

福祉犯の被害少年は、身体的にも、精神的にも大きな打撃を受けていることが多く、その心身の傷が後で非行に走る原因となることもある。このことから、規則では一般の被害少年に対する活動とは別に、福祉犯被害少年についての活動を規定した条文を設けている。

そこでは、再被害防止のための関係者の配慮、関係機関への連絡や措置が掲げられている。例えば、いわゆる「援助交際」に起因する児童買春の被害少年は、被害者意識が低いことから、再び同じことを繰り返し、被害に遭う場合も少なくない。そこで、再び被害に遭うことを防止するため、保護者や学校関係者に配慮を求めることとしているのである。

4 摘発が難しい福祉犯

(1) 発覚しにくい

福祉犯は、積極的に検挙しなければならないのだが、摘発はなかなか容易ではない。その原因の１つが潜在性、すなわち、犯罪がなかなか発覚しにくいということである。なぜかというと、

○ 被害者である少年が、精神的に未熟であるがゆえに自分の置かれている状況がよく理解できない。

○ いわゆる「援助交際」に起因する児童買春事犯等では、被害少年が経済的利益に目を奪われてしまい、被害意識が低い。

○ 被害少年の羞恥心が強く、申告できない。

○ 暴力団関係者、素行不良者が被疑者であることが多く、届け出ることによる後難を恐れる者が多い。

といった理由が挙げられる。

このように、福祉犯は端緒情報の入手が難しいので、受け身でいるとなかなか発見できない。計画的かつ組織的な情報収集が必要である。検挙したり補導したりした少年から福祉犯の発見に至ることも多いので、ぜひとも広くアンテナを張り巡らせてもらいたい。

(2) 証拠が少ない

犯罪を敢行した者は、誰でも自分の犯行の証跡を隠そうとする。そのため、犯行後に指紋を拭き取ったり、凶器を廃棄したりする。福祉犯の被疑者も同じである。ただ、福祉犯はその性質上、もともと証拠になるものが非常に少ない。犯罪となる行為が、簡単に削除できるＳＮＳでの約束や口約束、暗黙の了解によって実行されることが多いからである。

例えば、年少者を深夜業や有害業務に就ける際に、しっかりとした契約書を交わすわけがない。児童買春にしても同じで、児童の本名を携帯に登録したり、領収書を綴じたりしていることなどまずあり得ない。

このように、福祉犯はその立証に資する証拠となり得るものが少ないため、犯行現場やその周辺の防犯カメラ映像の収集、捜索等に際しては、メモや日記等も無視することなく、その押収を徹底し証拠化を図る

とともに、インターネット等を利用した犯罪については、早期にスマートフォン等の通信機器を押収して、綿密な分析を行う必要がある。

5　有害環境の浄化にも目を向けよう

福祉犯の取締りを実施してみると、その原因は、被疑者という「人」だけでなく、少年を取り巻く環境にもあることが分かる。非行少年のたまり場となっている場所には、少年を毒牙にかけようという者も自然に集まってくる。享楽的な営業が多くある場所に集まってくる少女ならば、「買春の相手方にもなるだろう」、「児童ポルノの被写体にもなるだろう」と判断する輩もいるからだ。

したがって、取締りを通じて、その福祉犯の原因となった有害な環境を浄化することが不可欠であり、それによって、新たな福祉犯を防ぐことができるのである。

福祉犯被害を防止するためには、有害環境を浄化することがいかに重要であるかということを知ってもらいたい。

2 児童買春事犯の捜査

児童買春・児童ポルノ禁止法では、18歳未満の者を児童と定め、児童買春等を禁止し、違反者を処罰することとしている。

1 児童に金が渡らなくても児童買春

児童買春とは、「児童等に対して、対償を供与して、又はその約束をして、性交等をすること」である。

また、対償供与の相手方は、児童に限られていない。児童本人のほかに、「児童との買春行為を周旋した者」や「児童の保護者や現に児童を支配下に置いている者」も含まれる。したがって、児童買春の仲介を持ち掛けてきた者に金を払って買春をしたが、児童には全く金が渡っていなかったり、微々たる金だけがお小遣いとして渡されていたりした場合でも、児童買春は成立する。

さらに、対償を供与することを約束して性交したものの、もともと金を払う気がなく、あるいはその支払能力がなく、実際に対償が供与されなかったという場合でも、児童買春は成立する。

2 男子児童も買春の被害者たり得る

児童買春・児童ポルノ禁止法は、児童買春の行為を性交“等”としている。そして、この「性交等」について、「性交若しくは性交類似行為をし、又は自己の性的好奇心を満たす目的で、児童の性器等（性器、肛門、乳首をいう。）を触り、若しくは児童に自己の性器等を触らせることをいう」と規定している（同法第2条第2項）。「性交類似行為」については、明確な規定がないが、性交と同視し得る態様における性的な行為をいい、手淫、口淫、同性愛行為等をいうと解釈されている。

売春防止法にいう「売春」は、その行為は性交に限られているが、児童買春は、性交だけでなく性交類似行為や性器等を触らせる行為も含まれているので、「男性が男子児童を買う」、「女性が女子児童を買う」、「女性が男子児童を買う」こともこれに当たる。

なお、被疑者が児童であっても違反は成立する。例えば、買う側が16歳男子、売る側が17歳女子であっても違反となるわけだ。

3　対償の供与（約束）は事前に必要

児童買春の「対償の供与又はその約束」は、性交等の行為の前になされなければならない。約束が事前にありさえすれば、供与が事後であっても構わない。

しかし、性交等をする前に、対償の供与もその約束もどちらもなかった場合には、仮に、性交等の後に現金等を渡した、又は渡す約束がなされたとしても、児童買春には当たらないとされている。「約束なきままに事後に対償を供与した場合でも、全体としてみれば同じ。買春する者にとっても児童にとっても目的が達成されているではないか」とも言えそうなのであるが、「児童の性の商品化」を禁止することが本法の趣旨でもあるので、事前に対償の供与、約束がない場合には、児童買春には当たらない。

ただ、金銭等のやり取りがなくても児童の性をいたずらにもてあそぶことは大きな問題である。対償の供与、約束が判然とせず、児童買春の立証ができない場合には、いわゆる青少年保護育成条例の淫行禁止違反で検挙している場合もある。

ところで、対償供与の約束が事前に必要とはいっても、必ずしも「５万円あげるから」などと明確になされていなくとも構わない。児童との間で何らかの了解があり、常識的・客観的に対償の供与の約束と認められる場合には、本法にいう約束に該当する。

また、当初は何の約束もなく性交等を行ったとしても、その途中で現金を渡したことによって、児童がそれ以降の性交等の継続を決心した場合、あるいは、途中で約束がなされたために、同様に児童が継続を決心したような場合には、同様に約束に該当する。

なお、対償は現金に限られない。物品や債務の免除でもよい。

4 児童であることの認識が必要

児童買春が成立するためには、被疑者が、相手が児童である、つまり18歳未満であると認識していること（年齢知情）が必要である。相手の児童が自ら19歳だと称しており、確かに外見的にも非常に大人びていて児童とは判断できず、被疑者が当該児童のことを心底19歳だと思っていたとすれば違反は成立しない。そこで、被疑者の中には、実は18歳未満の児童であることを知っていたにもかかわらず、「そんな年の子供だとは知らなかった」と、知情性を否認する者が多い。

したがって、児童の事情聴取や被疑者の取調べ、児童と被疑者それぞれのスマートフォンの解析等を徹底し、被疑者が児童の年齢を知っていたということを立証する必要がある。

3　児童ポルノ事犯の捜査

児童買春・児童ポルノ禁止法では、自己の性的好奇心を満たす目的による児童ポルノ所持、提供、提供する目的による製造・所持・運搬・輸出入、児童に姿態をとらせることによる製造、盗撮による製造等を禁止し、違反者を処罰することとしている。

1　児童ポルノの定義

「児童ポルノ」とは、「写真、電磁的記録（電子的方式、磁気的方式その他人の知覚によっては認識することができない方式で作られる記録であって、電子計算機による情報処理の用に供されるものをいう。）に係る記録媒体その他の物であって、次の2に掲げるもの」をいう（児童売春・児童ポルノ禁止法第2条第3項）。

2　児童ポルノの態様

児童ポルノの内容としては、3種類が規定されている。

いわゆる「1号ポルノ」は、児童を相手方とする、あるいは児童同士による性交や性交類似行為の姿を描写したものである。

「2号ポルノ」は、他人が児童の性器等を触っている姿、あるいは児童が他人の性器等を触っている姿を描写したものである。触っている様子が分かれば、性器等が描写されているかどうか、ぼかしがあるかどうかは関係ない。

「3号ポルノ」は、衣服の全部又は一部を着けていない児童の姿態であって、殊更に児童の性的な部位（性器等若しくはその周辺部、臀部又は胸部をいう。）が露出され又は強調されているもの等を描写したものである。

3 視覚により認識できることが必要

いずれの態様のものでも、児童の姿態が“目に見える形”で描かれていることが必要だ。したがって、児童をモデルとしたいわゆる「ポルノ小説」や、児童のあえぎ声等を使って作成した「録音テープ」は、児童ポルノに当たらない。ただし、目に見える形とはいっても、そのままで見ることができる写真に限られるわけではない。機械を操作すれば見ることが可能となるＣＤ－ＲＯＭやＤＶＤ、ＨＤＤに保存されたもの、あるいはクラウド上に保存されたものも、もちろん「視覚により認識することができる方法により描写したもの」である。

また、実在しない児童を描写したポルノは、児童ポルノに該当しない。

4 「わいせつ」でなくても児童ポルノ

⑴ わいせつの３要件

刑法上の「わいせつ」と児童ポルノとはどう関連しているであろうか。

わいせつの意義については、

① いたずらに性欲を興奮又は刺激せしめ、

② 普通人の正常な性的羞恥心を害し、

③ 善良な性的道義観念に反するもの

という判例（最判昭和32年３月13日）が、「わいせつの３要件」として定着している。

⑵ １号ポルノは「わいせつ」要件は不要

これに対し、１号ポルノについては、「性交等の場面の描写」であれば足り、それが性欲を興奮させたり刺激したりするものでなければならないとはされていない。つまり、児童による性交等の描写があれば、直ちに児童ポルノとなる。そもそも、児童との性交等の場面など、善良な性的道義観念に反するもの以外の何ものでもないが、それが一般人の性欲を興奮させ、又は刺激するものでなくとも、また、恥ずかしさを感じるものでなくとも児童ポルノとなるのである。

⑶　2号・3号ポルノは「性欲を興奮させ又は刺激する」もの

一方、2号ポルノと3号ポルノには、「性欲を興奮させ又は刺激するもの」という要件が規定されている。

わいせつの3要件の①と比べると、「いたずらに」がない。つまり、むやみやたらに性欲を興奮させるものでなくともよいということとなる。この有無によってそれほど大きな違いがあるとはいえないが、少なくとも刑法のわいせつの概念よりは広く捉えているといえよう。

また、わいせつの3要件の他の2つ、つまり②と③がないことでも、わいせつよりも広くとらえていることが分かる。

⑷　「性欲を興奮させ又は刺激する」の判断

「性欲を興奮させ又は刺激する」かどうかは、性器等が描写されているか否か、児童の裸体等の描写が当該写真等全体に占める割合、児童の裸体等の描写方法等の諸般の事情を総合的に考慮して、一般人を基準として判断する。

例えば、自宅の庭で水浴びをしている裸の幼児のごく自然な姿が写っているだけでは、いくら全裸であっても無理があろう。一方、わざとシースルーの水着を着せて、官能的なポーズをとらせているようであれば、該当する可能性があろう。

⑸　3号ポルノの該当性判断

3号ポルノは、衣服の全部又は一部を着けない児童の姿態であって「殊更に児童の性的な部位（性器等若しくはその周辺部、臀部又は胸部をいう。）が露出され又は強調されているもの」で、かつ、性欲を興奮させ又は刺激するものとされている。

以前は、この「殊更に…」の部分は規定されていなかったが、平成26年の法改正で規定された。

これにより、画像の内容が性欲の興奮又は刺激に向けられていると評価され得るかどうかを判断する基準がより明確になったのである。

4　児童福祉法違反事件の捜査

1　児童福祉法の目的

児童福祉法は、第３条までに、「児童福祉の理念」、「児童育成の責任」及び「福祉保障の原理」が示されているとおり、「児童の福祉」を保護することを目的とする法律といえよう。

第34条では、よく実務でも登場する「児童に淫行させる行為」や「有害行為をさせる目的で児童を支配下に置く行為」等を禁止行為として規定しているが、これらは、児童の福祉を著しく害する行為を禁じたもので、児童を守るための規定である。ただ、条文には「何人も」と書かれているとおり、児童が行為主体から除外されているわけではない。仮に児童がこれらの禁止行為を行えば、その児童は当然その違反を問われることとなる。

2　使用者には年齢知情は必要ない

児童買春・児童ポルノ禁止法と同じく、児童福祉法上の禁止行為違反も、被害児童が18歳未満であることを知っていることが必要である。したがって、相手を18歳以上だと思っていたら違反とならない。

ただ、両法とも「児童を使用する者」については、年齢を知らなかったことについて過失がない場合を除き、そのことを理由として処罰を免れることができないとしている（年齢知情の特則）。

過失がないことについての挙証責任は被疑者側にある。年齢を知らないことにつき「過失がないとき」とは、年齢確認のために通常考えられるあらゆる方法の全てを尽くしたが、それでも児童の年齢を見破ることができなかった場合とされているから、過失がないと認められるのは容易ではない。ただ単に、「少女が自分で19歳だと言っていたし、見た目にも大人びていたので分かりませんでした」では通らないのである。

3　児童に淫行をさせる行為

児童福祉法第34条第1項第6号では、児童に淫行させる行為を禁止し、違反者を処罰することとしている。

⑴　「淫行」の概念

「淫行」とは、性道徳的に見て不正な性交、性交類似行為を指すとされている。

「性交類似行為」とは、男女の性交を模した素股、アナル、男色行為、同性愛、手淫、口淫、獣姦等性欲を満足させようとする不自然、異常な性的行為をいうとされている。自慰行為については、児童が通常の自慰行為をしていても、それ自体は性交類似行為には当たらない。しかし、性器を模して作られた器具を使って、自慰行為をさせた場合には、それは性交を想像させる行為であるので、性交類似行為になる場合もあるとされている。したがって、必ずしも相手方との接触を要せず、児童単独でも成立する場合もあり得るということである。

児童買春・児童ポルノ禁止法では、性交・性交類似行為とは別個に、「児童の性器等を触る行為、児童に自己の性器を触らせる行為」が規定されているが、淫行については、現在のところ性交と性交類似行為の2つに限定されて解釈されている。

なお、淫行の成立には、対価の有無は問わない。

⑵　自らが相手となっても、「淫行をさせる行為」

「淫行をさせる」というと、「児童に第三者とセックスをさせる」ことを意味するように思える。かつては、自分が性行為の相手となった場合は、「淫行をさせる」に含まれないと解釈されていた。しかし、近年の判例では、自らが淫行の相手方となった場合も、これに該当するとしている。

ところで、青少年保護育成条例に規定する淫行の禁止が主に2年以下、児童買春が5年以下の懲役であるのと比べ、淫行をさせる行為は10年以下の懲役と著しく重い。

本号については、「強制力や事実上の影響力を及ぼして児童に淫行させるもの」と解釈されている。したがって、「対償を供与して、又はその約束をして性交等をする」買春とは異なるものである。

実務的には、被疑者と児童とが親子や師弟関係にあるなど極めて影響力が強い場合で、しかも、淫行に至る経緯において、その影響力により児童が困惑等している状態に乗じているなどの場合に適用することとなろう。このことは、自分を相手に「淫行させる」ものを問擬する場合も同様である。

なお、刑法（第179条）の監護者わいせつ罪及び監護者性交等罪についても問擬しなければならないことに注意が必要である。

4　有害目的で児童を支配下に置く行為

児童福祉法第34条第1項第9号では、児童の心身に有害な影響を与える目的で自己の支配下に置く行為を禁止し、違反者を処罰することとしている。

⑴ 「児童の心身に有害な影響を与える」目的

児童の心身に有害な影響を与える目的があるかどうかは、心身共に未成熟である児童であるということを踏まえて、その時代における健全な社会通念に従って判断すればよい。児童自身が有害であると感じているかどうかは関係ない。

例えば、「売春に及ぶおそれのある芸妓として酒席に侍する行為」、「ヌードモデルをさせる行為」、「街頭で売春の客引きをさせる行為」、「ストリップショーに出演させる行為」、「ソープ嬢として接客をさせる行為」、「露店商のいわゆるサクラをさせる行為」、「暴力団事務所の事務所番をさせる行為」には、児童の心身に有害な影響を与える目的があるといえよう。

⑵ 自己の支配下に置く行為とは

児童を自分の思いどおりに動かせるような状態にしておくことをいう。判例では、「児童を使用、従属の関係において、その意思を左右し得る状態に置くことをいう」（東京高判平成2年3月28日）としている。児童の側に「支配されている」という意識がなくてもよい。だから、児童の意思に反してとか児童の意思を無理に抑圧してとかいうまでの必要はなく、常識的に意思が抑制されているものであれば該当する。

5　青少年保護育成条例（淫行の禁止）違反事件の捜査

1　青少年保護育成条例の制定状況

青少年保護育成条例は、青少年の健全な育成を図るため、地域の実情に即して、青少年の福祉を阻害する行為等を禁止している。

なお、青少年保護育成条例は、各都道府県によって条例の名称はもちろん、内容的にもまちまちであることに注意が必要である。

2　淫行の禁止

青少年保護育成条例においては、18歳未満の者を青少年とし、青少年に対する淫行やわいせつな行為、あるいは、このような行為を教え、又は見せる行為が禁止されている。これは、一般的に「淫行禁止規定」といわれている。

3　「淫行」とは？

判例（最判昭和60年10月23日）では、青少年保護育成条例の淫行について、広く青少年に対する性行為一般をいうものと解すべきではなく、

○　第一類型として「青少年を誘惑し、威迫し、欺罔し又は困惑させる等その心身の未成熟に乗じた不当な手段により行う性交又は性交類似行為」

○　第二類型として「青少年を単に自己の性的欲望を満足させるための対象として取り扱っているとしか認められないような性交又は性交類似行為」

とし、限定的に解すべきとしている。

第一類型は「青少年を誘惑し、威迫し、欺罔し又は困惑させる等その心身の未成熟に乗じた不当な手段」であることから、その判断は比較的容易

であろう。しかし、第二類型の「単に自己の性的欲望を満足させるための対象として取り扱っているとしか認められないようなもの」については、判断が難しいところであるが、それまで面識がないにもかかわらず、会ったその日あるいは短時間のうちに青少年と性行為をしたというような場合は、これに当てはまるといえよう。

「淫行」であることを立証するためには、「青少年の年齢の知情性」や「性行為の存在」はもちろんのこと、「被疑者の年齢や生活事情」、「被害少年の年齢や生活事情」、「両者の出会いのきっかけと交際の状況」、「性行為に至った経緯や性交渉の状況」、「性や男女の交際に対する価値観」等を明らかにする必要があろう。被疑者が妻子ある男性であっても、青少年との恋愛関係を主張して結局無罪になった例もあるので注意が必要である。

第9

少年の保護対策

1　少年を取り巻く社会環境の問題

近年の少年を取り巻く社会環境は、インターネット上の違法・有害情報の氾濫、インターネットに起因する福祉犯被害等の増加、児童の性に着目した新たな形態の営業の出現等、憂慮すべき状況にある。

少年は心身共に未熟であるため、周りの環境からの影響を受けやすいのである。

少年を取り巻く社会環境の問題は、少年の非行や犯罪被害に密接に関連することから、少年に有害な環境を浄化することが、少年の非行防止及び保護を図る上で重要な課題である。

以下、主な有害環境とこれに対する対策推進上の着眼点について説明しよう。

1　ネット上の有害情報の問題

(1)　ネット上の情報の少年への影響や被害

「闇サイト」や「自殺サイト」をきっかけとした事件・事故が発生したり、「学校裏サイト」や「ネットいじめ」が新聞等で大きく取り上げられたりしているのを見たことがあるだろう。インターネット上には、便利で有用な情報もたくさんあるが、そうでないものも多いのは御承知のとおりである。

「薬物売買」、「わいせつ物」、「児童ポルノ」等それ自体が違法な情報や、「違法な出会い系サイト」のように少年にとって有害な情報も氾濫しており、スマートフォンやパソコンによって、少年がこれらの情報を簡単に入手することができてしまう状況にある。少年がこれらの影響を受けて犯罪の被害に遭ったり、非行に走ったりするおそれが大いにあるのである。

そして、少年がＳＮＳ等のインターネットを利用して、ゲームをしたり、アルバイトを探したり、出会いや交流を求めたりする中で、課金トラブルに巻き込まれたり、特殊詐欺の受け子等の犯罪に加担させられたり、児童買春、青少年保護育成条例違反等の性被害に遭ったりするケースが依然として多発していることは御存じだと思う。

(2) インターネット利用における被害防止対策

児童が危険なサイトにアクセスし犯罪被害に遭うことを防ぐため、児童が使用するスマートフォン等へのフィルタリングサービスの利用を促進することが重要である。そのために、関係機関・団体、事業者等と連携し、あらゆる機会を捉えて、保護者に対する啓発活動の強化、携帯電話事業者等によるフィルタリングサービス提供義務及び有効化措置義務の実施の徹底、児童に対する情報モラル教育の推進等を行う必要がある。

例えば、保護者説明会等で、インターネットによる児童の犯罪被害の実態やフィルタリングの効果等について理解を深めてもらう、あるいは、児童自身に対して、非行防止教室等においてインターネットに起因した犯罪や児童が被害者となった事件の具体的な事例を引用するなどにより、インターネット上の情報を取捨選択して活用する能力（インターネット・リテラシー）の向上と情報モラル教育の充実を図っていくといった取組が考えられる。また、携帯電話事業者等に対して、スマートフォンに対応したフィルタリングサービス提供義務及び有効化措置義務の徹底を要請したり、サイバー防犯ボランティアに対して、サイバー犯罪情勢等の情報提供を行いつつ、各種研修会、会合等への参加を促したりすることも重要である。さらに、少年警察ボランティアに対して、インターネット利用に起因する児童の犯罪被害等の実態のほか、インターネットの特性や危険性について幅広く情報提供を行いつつ、街頭補導等の機会を利用した啓発への協力を求めるということも考えられるだろう。

フィルタリングサービスの利用の促進を図る上で注意することは、特にスマートフォンについては、インターネットに接続する方法として、携帯電話回線による接続、無線ＬＡＮ回線による接続、アプリによる接続があり、いずれの接続方法にも対応するフィルタリングを設定する必要があるということを理解しておくことである。また、子供が利用するスマートフォン等の機能制限の設定や、スマートフォン等の使用に関する家庭のルールをつくるなどして、保護者が子供のライフサイクルを見通して、その発達段階に応じてインターネット利用を適切に管理すること（ペアレンタルコントロール）も必要である。

これらの対策は、後述するＳＮＳ等に起因する被害防止対策にも通じるものである。

2　児童の性に着目した新たな形態の営業に関する問題

女子高校生に扮するなどしてサービスを提供するいわゆる「ＪＫビジネス」に対しては、「ＪＫビジネス」の禁止等に関する条例制定等の対策が進められてきた。しかし、こうした営業は、形式上は法令を遵守した営業形態を取りながら実際には児童に性的な行為をさせたり、次々とその形態を変えたりするなどして、法令の規制や警察の取締りの回避及び新たな営業形態の出現が懸念されるところである。

また、営業所を設けない無店舗型の営業は店舗型の営業に比べ実態把握が難しく、児童の性被害の温床となることが懸念されることから、店舗型の営業だけでなく無店舗型の営業についても積極的に実態把握を行うことが重要である[※1]。

(1)　児童の性に着目した新たな形態の営業

児童の性に着目したいわゆる「ＪＫビジネス」と呼ばれる営業として、

○　「リフレ」等と称して、従業員に制服等を着用させ、個室において客と添い寝をしたり、客の身体のマッサージや耳かき等をしたりするサービスを提供する形態の営業

○　「散歩」等と称して、客と屋外同伴デート等のサービスを提供す

※１　「「ＪＫビジネス」問題に係る対策の推進について（通達）」（令和５年２月９日付け警察庁丁人少発第179号）

る形態の営業

○ 「喫茶」等と称して、カウンター席やテーブル席を設置した店内において飲食物を提供する形態の営業

○ 「見学」等と称して、直接又はマジックミラー越しに従業員の姿態を見せるなどのサービスを提供する形態の営業

○ 「撮影」と称して、個室又は屋外等において、従業員の姿態を撮影させるサービスを提供する形態の営業

○ 「コミュニケーション」等と称して、店舗等において、従業員との占い、ゲーム、カウンセリング等会話を主体とするサービスを提供する形態の営業

○ 「ガールズバー」等と称して、設備を設けて客に飲食させる営業で、カウンター席が設置され、従業員に水着や下着等を着用させ、カウンター越しに接客して酒類等を提供するショットバー形態の営業

等がある。

(2) 性風俗に関する営業等からの影響の排除

児童の性に着目した営業については、児童の犯罪被害等を防止するため、実態把握を徹底し、以下の対策を推進することが必要である。

○ 関係部門、少年指導委員等と連携の上、店舗に対し、風俗営業等の規制及び業務の適正化等に関する法律等に基づく立入りを実施し、違法行為を認めた場合は、指導・警告を行う。指導・警告に従わない悪質な営業者等については、労働基準法や青少年保護育成条例等の各種法令を適用するなど、厳正かつ積極的な取締りを実施する。

○ 少年補導員、少年指導委員等と連携して補導活動を強化し、被害児童や被害に遭う危険が認められる児童の発見に努める。

○ 学校等と連携して非行防止教室等を開催し、児童の性に着目した営業で稼働することの危険性や被害に遭った場合における警察の相談窓口について広報啓発を推進する。

3　酒類やたばこの問題

令和４年４月１日に施行された民法一部改正法により、成年年齢が20歳から18歳に引き下げられたが、健康被害と非行防止の観点から、飲酒・喫煙を禁止する年齢はこれまでと変わらず20歳未満となっている。

少年の飲酒・喫煙は法律で禁止されており、補導の対象となる不良行為であるが、少年が飲酒・喫煙をしても誰からも注意もされない場所があったり、コンビニエンスストアなどで年齢を偽るなどして酒やたばこを手に入れたりしている現状がある。

⑴　酒類・たばこ販売店に対する指導

酒類・たばこには依存性があり、健康被害等を引き起こすほか、発育途上にある少年の心身に悪影響を及ぼすと言われている。また、飲酒・喫煙は、非行防止の観点からも問題がある。

酒類・たばこの販売者は、購入者の年齢を確認してその販売を行うことが法律で求められている。

したがって、販売者等に対し、購入者の年齢確認の徹底、従業員研修の実施、販売体制の整備、分離陳列の徹底、少年の飲酒・喫煙防止の注意喚起、従業員のいる場所から自動販売機及びその利用者を直接かつ容易に視認できない自動販売機の撤去、設置場所の改善等を指導する必要があろう[※2]。

⑵　酒類・たばこ販売店の自主規制に対する支援

酒類・たばこ販売店では、少年の飲酒・喫煙防止のための自主規制を行っているが、この自主規制の徹底が図られるよう関係機関・団体と連携した実態把握活動や広報啓発活動等様々な機会を通じた支援を行う。

⑶　連絡協議会の開催

少年に対する酒類、たばこの販売を防止するため、酒類・たばこ販売店、コンビニエンスストア、カラオケボックス業者等と関係機関・団体

※２　「民法等改正に伴う20歳未満の者の喫煙及び飲酒防止に係る関係業界への働き掛けを踏まえた対策の推進について（通達）」（令和元年６月３日付け警察庁丁少発第94号）

との連絡協議会を開催し、協議会としての取組を促す。

(4) 学校・家庭に対する飲酒・喫煙防止対策

学校、ＰＴＡと連携した実態把握の促進、非行防止教室等の開催により、学校、家庭に対して意識啓発を図る。

(5) 関係機関・団体との連携

国の機関、都道府県、市町村（教育委員会、保健所等）等の関係機関や酒類・たばこ小売組合、日本チェーンストア協会、日本フランチャイズチェーン協会、日本カラオケボックス協会連合会、全日本アミューズメント施設営業者協会等の団体と連携して対策を講じる。

(6) 街頭補導活動等の強化

関係機関・団体との合同街頭補導を積極的に行い、少年や保護者等に対する適切な指導・助言を行う。

4　有害図書類の問題

(1) 有害図書類についての現状

有害図書類（図書、雑誌その他の刊行物、文書、写真、絵画及びＣＤ、ＤＶＤその他の映像又は音声の記録されているもの）は、従来のわいせつや暴力的な内容のものに加えて、殺人や自殺の方法を教えるものまで出現しており、インターネットが普及した現在でもなお、青少年に対して悪影響を及ぼしている。

(2) 都道府県条例による規制

都道府県が制定している青少年保護育成条例では、青少年に対する有害図書類等の販売や貸出し等を禁止し、店舗等においては個別に包装したり他の図書類とは区分して陳列したりすることを義務付けている。また、自動販売機又は自動貸出機については、街頭に設置され青少年の目に触れやすいことなどから、これらの設置について届出義務を課し、有害図書類を自動販売機等に収納することを禁止しているのが一般的である。

(3) 有害図書類は知事が指定

何を有害図書類とするのか。条例では、知事が指定をすることとされている。指定には、個別指定、包括指定及び団体指定の３種類がみられる。

個別指定とは、図書の内容の全部又は一部が著しく性的感情を刺激し、甚だしく粗暴性・残虐性を助長するなど青少年の健全育成を阻害するとして、知事が個別の雑誌の号数やＤＶＤのタイトル等を挙げて有害図書等として指定するものである。

包括指定とは、雑誌その他の刊行物について号数を限らずに、例えば「卑猥な姿態等を被写体とした写真又は描写した絵で知事が別に定めるものを掲載するページの数が20以上のもの又はページの総数の５分の１以上を占めるもの」、ＤＶＤ等の電子媒体であれば、例えば「卑猥な姿態等を描写した場面で知事が別に定めるものの時間が合わせて３分を超えるもの又は当該場面の数が20以上のもの」などと、一定の条件の下に有害図書類としてみなすものである。

団体指定とは、知事の指定した業界団体（例：日本映像倫理審査機構(映像審)、コンピュータソフトウェア倫理機構（ソフ倫））が独自の審査基準、審査方法により、青少年に不適切と判定した図書類を有害図書類とみなすものである。指定を受けた業界団体が青少年に不適切と判定した図書類には、いわゆる18禁シール等が貼付される。

(4)　有害図書類に対する取組

有害図書類に関する違法行為を看過することなく積極的に指導・取締りをすることはもちろんであるが、有害図書類の販売等の実態を、通常勤務や地域住民の声を通じて把握しておくことも重要である。

2　ＳＮＳ等に起因する子供の性被害等防止対策

1　ＳＮＳに起因する性被害等防止対策

スマートフォンの普及に伴い、多人数とコミュニケーションが取れるウェブサイトや通信ゲーム等のＳＮＳを通じて面識のない被疑者と被害児童が知り合うことが容易になり、交際や知人関係等に発展する前に、児童福祉法違反、青少年保護育成条例違反、児童買春・児童ポルノ禁止法違反及び重要犯罪等（殺人、強盗、放火、強制性交等、略取誘拐、人身売買、強制わいせつ、逮捕監禁）の被害に遭う事件が発生している。

⑴　ＳＮＳに起因する被害の特徴

ＳＮＳに起因する性被害等に関しては、

○　被害児童の投稿を見た被疑者が接触を図り、被疑者と被害児童が知り合ったのは、全体の約７割

○　投稿内容は、「プロフィールのみ」、「趣味・嗜好」、「日常生活」、「友達募集」で約半数を占めており、児童が援助交際を求めるような危険性の高い投稿だけではなく、被害への発展が予測しづらい安易な投稿をきっかけとして意図せず被害に遭っている児童が多い

などの特徴が挙げられる。また、ＳＮＳに起因して性被害等に遭った児童数は高水準で推移しており、未成年者誘拐を始めとした重要犯罪被害への発展も後を絶たない。

⑵　児童はどのように犯罪被害に遭うのか

ところで、児童は、ＳＮＳを利用して、どのようにして犯罪被害に遭うのだろうか。

御承知のとおり、ＳＮＳは匿名性が非常に高く、容易に見ず知らずの相手と連絡を取り合うことが可能である。しかし、その相手の年齢や性別、趣味・嗜好等のプロフィール情報が正しいかどうかは誰にも分から

ない。

プロフィール上の年齢が近く、同じような趣味・嗜好を持つ相手と知り合ったとしよう。相手から「実際に会って話をしよう」と誘われ実際に会ってみたところ、プロフィール上の情報とは年齢や性別が全く違うこともある。また、会う前には全く意図していなかったにもかかわらず、言葉巧みにホテルに連れ込まれ、性被害に遭ってしまうこともある。

それ以外には、実際に会わないまでも、同性だと思っている相手とファッションやスタイルの話をする中で「お互いの下着や裸を見せ合いっこしよう」と言われたり、学校に秘密にしたいことについて「裸の画像を送らないと学校に言うぞ」などと脅されたりして、自分で撮った下着や裸の画像を相手に送ってしまうこともある。

また、家族と仲が悪い、学校の人間関係で悩んでいるなどの理由で家出をし、児童自らが泊めてくれる相手をＳＮＳで探すこと（いわゆる「神待ち」）もある。その結果、相手の自宅に連れ込まれて性被害に遭ったり、危害を加えられたりする、という状況に陥ってしまうのである。

⑶　ＳＮＳに起因する子供の性被害防止のための広報啓発活動

先に「第８　少年の福祉を害する犯罪の取締り」で述べたとおり、福祉犯は大変潜在化しやすい。

このような犯罪被害から少年を守るためには、ＳＮＳに起因する事犯の取締りを推進することはもちろん、児童が被害に遭わないようにするための対策も重要である。

例えば、児童が家出を企図したり援助交際を求めたりするなどの内容の書き込みや、それに応じようとする者の書き込み等、インターネット上の不適切な書き込みをサイバーパトロールによって発見し、警察の公式アカウントから注意喚起・警告するなどの活動を推進しなければならない[※3]。

家出願望のある児童や援助交際を求める児童は、家庭や友人関係等で様々な悩みを抱え、自分自身では解決できず、どうしようもなく他人に助けを求めているのである。そんな児童の未熟さに付け込んで児童の性を搾取する行為は、児童の人権を著しく侵害し、その心身に有害な影響を及ぼす悪質な犯罪であり、絶対に許すことがあってはならない。

その点をしっかりと認識し、被害防止活動を推進することが必要である。

2　「出会い系サイト規制法」の概要

出会い系サイト規制法は、「インターネット異性紹介事業を利用して児童を性交等の相手方となるように誘引する行為を禁止するとともにインターネット異性紹介事業について必要な規制を行うこと等により、インターネット異性紹介事業の利用に起因する児童買春その他の犯罪から児童を保護し、もって児童の健全な育成に資すること」を目的にしている（同法第１条）。

(1)　出会い系サイトの要件

出会い系サイトの要件として、

①　面識のない異性との交際を希望する者（異性交際希望者）の求めに応じて、その者の異性交際に関する情報をインターネット上の電子掲示板に掲載するサービスを提供していること。

②　異性交際希望者の異性交際に関する情報を公衆が閲覧できるサービスであること。

③　インターネット上の電子掲示板に掲載された情報を閲覧した異性交際希望者が、その情報を掲載した異性交際希望者と電子メール等を利用して相互に連絡することができるようにするサービスであること。

④　有償・無償を問わず、これらのサービスを反復継続して提供していること。

※３　ＳＮＳに起因する子供の性被害等防止のための注意喚起・警告活動の推進について（通達）（令和４年12月２日付け警察庁丁人少発第751号）

という４つの要件を掲げ、これらを全て満たすものを「インターネット異性紹介事業」と定義している。

⑵　利用者、事業者に対する規制等

出会い系サイトを利用する全ての者に対して、児童の犯罪被害に結び付きやすい「禁止誘引行為」が定められている。

「禁止誘引行為」は以下の５つの行為をいい、①〜④には罰則がある。

①　児童を性交等の相手方となるように誘引すること

②　児童以外のものを児童との性交等の相手方となるように誘引すること

③　対償を供与することを示して、児童を異性交際の相手方となるように誘引すること

④　対償を受けることを示して、人を児童との異性交際の相手方となるように誘引すること

⑤　①〜④のほか、児童を異性交際の相手方となるように誘引し、または、児童以外のものを児童との異性交際の相手方となるように誘引すること

また、インターネット異性紹介事業を行おうとする者に対しては、児童を犯罪被害から守るため、「公安委員会への届出」、「宣伝や広告を行う際の児童利用禁止の表示」、「利用者が児童でないことの確認」、「禁止誘引行為に該当する書き込みの削除」が義務付けられており、公安委員会への届出義務違反には罰則も設けられている。

出会い系サイトを利用した児童買春等の福祉犯罪を捜査した場合には、目の前の事件処理に終わることなく、事業者に出会い系サイト規制法違反の事実があるかどうか確認し、違反があれば、是正を促したり、行政処分や検挙等の措置を講じたりして、以後の児童の被害防止に資することも重要である。

3 児童虐待

1 児童虐待とは

児童虐待の定義は、児童虐待防止法第2条に定められていて、保護者がその監護する児童に対して行う4種類の行為とされている。

第1は、「身体的虐待」で、これは、殴る、蹴る、叩く、投げ落とす、激しく揺さぶる、やけどを負わせる、溺れさせる、首を絞める、縄等により一室に拘束するなど、児童の身体に外傷が生じ、又は生じるおそれのある暴行を加えることである。

第2は、「性的虐待」で、児童への性的行為、児童に性的行為を見せる、性器を触る又は触らせる、児童ポルノの被写体にするなど、児童にわいせつな行為をすること又は児童をしてわいせつな行為をさせることをいう。

第3は、「ネグレクト」で、育児放棄等と呼ばれるもので、家に閉じ込める、食事を与えない、ひどく不潔にする、自動車の中に放置する、重い病気になっても病院に連れて行かないなど、児童の心身の正常な発達を妨げるような著しい減食又は長時間の放置その他保護者としての監護を著しく怠ることである。また、保護者以外の同居人による虐待行為の放置も児童虐待になる。放置する行為が「保護者としての監護を著しく怠ること」に該当するとされており、例えば交際相手が、子供を虐待しているにもかかわらず、実親が見て見ぬふりをする場合等である。

第4は、「心理的虐待」で、言葉による脅し、無視、きょうだい間での差別的扱い、きょうだいに虐待行為を行うなど、児童に著しい心理的外傷を与える言動を行うことである。

また、児童が同居する家庭における配偶者の身体に対する不法な攻撃やこれに準ずる言動を児童に認識させた場合も「児童に著しい心理的外傷を与える言動を行うこと」に該当するとされ、児童虐待になる。例えば、子供の前で夫が妻に暴力を振るったり、罵倒したりすることなどである。

2　児童虐待に対する警察の取組

児童虐待は、人格形成期にある児童の心身に深刻な影響を及ぼす重大な問題であることから、警察においても、児童の生命及び身体を守るとともに、児童の精神的な立ち直りを支援する活動を積極的に行っている。

(1)　早期発見の重要性と発見のポイント

児童虐待は、主に家庭内で起こることから潜在化しやすく、また、被害者である児童は、加害者の庇護なしで生きていけない弱い立場にあることから、自主的に被害を申告することは期待できないなど、早期に発見することが非常に困難である。

しかし、発見が遅れれば児童の死亡等の重大な結果を招くおそれがあることから、まずは早期発見に努めなければならない。

※　部門別発見のポイント

○　少年部門

・　学校、幼稚園、保育園等の関係機関との情報交換

・　少年補導職員等による街頭補導

・　迷子、家出少年保護時における観察や事情聴取

・　少年相談

・　少年事件や福祉犯事件捜査を通じての情報

・　少年警察ボランティアからの情報

○　地域部門

・　交番等への各種相談・届出

・　交番連絡協議会等を通じた情報

・　110番通報等の事案処理を通じての発見

(例)

・　子供が大声で泣いている。

- 駐車場内の車の中に子供が放置されている。
- けがをした子供が運び込まれたと病院等からの通報
- 夫婦喧嘩の通報

・　巡回連絡

（例）

- 留守なのに子供の泣き声がする。
- 子供に不自然な外傷がある。
- 民生・児童委員や近隣居住者からの情報

・　警ら、職務質問

・　少年補導（特に児童の怠学行為）

・　事件捜査（万引き、自転車盗等の処理を通じて）

○　その他の部門

・　ＤＶ事案の取扱い

地域部門は、正に地域に密着した活動を行うことから発見しやすいであろう。ぜひとも、発見のポイントを参考に鋭い感覚で発見に努めてもらいたい。ここでは、主に少年部門と地域部門における児童虐待発見のポイントについて述べたが、あらゆる部門の職員が、児童虐待防止に対する認識を深め、早期発見に努めなければならない。

(2)　児童の安全確認の徹底

児童虐待が疑われる事案を認知した場合、まずは早期に現場臨場し、警察官自身の目による児童の安全確認を徹底することが重要である。このとき、例えば、マンションやアパートの住民から「どこの部屋か分からないが、近所から子どもの泣き叫ぶ声が聞こえる」などといった通報を受理した場合には、対象世帯を特定するため、付近住民への聞き込みを行うことも必要である。

その上で、

・　警察が保有する各種情報の照会

・　児童相談所や市町村等関係機関に対する過去の取扱状況等の照会

等を行うほか、

・　犯罪の捜査

・　児童の保護、警告、立入り等警察官職務執行法の権限行使

等警察として必要な措置を講じる。

また、児童相談所に対して立入調査や一時保護等、児童の安全確保を最優先とした対応を執るよう求めることが必要である。

(3)　児童相談所への通告・情報提供

児童虐待を受けたと思われる児童を発見した者は、速やかに、これを児童相談所等に通告しなければならない（児童虐待防止法第6条第1項）。

○　通告先

児童虐待防止法の通告は、市町村、福祉事務所又は児童相談所のいずれにも可能であるが、警察からは、児童相談所へ通告することとしている。

○　通告方法

・　保護者に対して、保護者の行為の問題点を理解させ、児童相談所に通告する旨を説明する。

・　通告は、児童通告書又は口頭により児童相談所に行う。

・　通告書類は、取扱い警察署の所在地を管轄する児童相談所に送付する。

・　口頭により通告した場合は、時機を失することなく、通告書類を送付する。

○　情報提供

警察が認知した児童虐待が疑われる事案については、通告に至らない場合であっても、通告の場合と同様に、児童相談所に対して、警察の対応状況等の記録を用いて児童の身体の状況や保護者の対応等を客観的かつ具体的に情報提供する。

○　通報元の保護

保護者から通報元について質問された場合においては、通報者保護の観点から通報元（通報者が被害児童の場合を含む。）を明かさ

ない。

⑷ 対応状況等の確実な記録化

児童虐待が疑われる事案を認知した際には、その対応状況等を明らかにするために確実に記録する。

具体的には、

- 児童の安全確認の経過、確認の方法
- 児童の外傷の有無、負傷部位、怪我の程度
- 児童相談所に対する通告等の措置状況
- 児童相談所や市区町村との情報共有の状況

等について適切に記録する。

⑸ 警察が行う保護

警察官職務執行法第３条第１項第２号は、迷い子、病人、負傷者等で適当な保護者を伴わず、応急の救護を要すると認められる者を保護する規定であり、この規定により保護した児童について、児童虐待を受けたと思われる場合には、時機を失することなく確実に児童相談所に通告する。

また、児童福祉法第33条は、児童の一時保護について児童相談所長に対して権限を付与しているが、児童相談所長は、これを適当な者に委託できることとしている。警察が行う一時保護は、警察がこの「適当な者」として、児童相談所長の委託に基づいて行われるものである。例えば、一時保護の必要な児童を警察職員が発見したり市民から引き継いだりして児童相談所に通告したが、児童相談所が遠隔地にあったり発見や通告が夜間であったりするため、児童相談所長が直ちに引き取ることができないような場合に、児童相談所長から委託がなされることになろう。

警察における一時保護の期間は、24時間を超えてはならないこととなっている。ただし、交通手段に障害があった場合等真にやむを得ない事情がある場合には、この期間を延長することができる。

また、一時保護の場所は、保護にふさわしい部屋を使用することとされており、当然のことながら、留置施設を使用することは許されない。

被害児童の心情等にも十分配意して、警察署の宿直室、休憩室等保護にふさわしい部屋を使用する。

⑹　援助要請への対応

児童虐待防止法第10条第1項には、児童相談所長等は、児童の一時保護や児童の家への立入り調査、臨検・捜索などに際して、必要な場合は、当該児童の住所又は居所の所在地を管轄する警察署長に対し、援助を求めることができると規定されている。

警察署長は児童相談所長等から援助を要請された場合は、対応の方法、役割分担等を十分協議した上で、事案に即した適切な援助を実施しなければならない。

⑺　強制措置

強制にわたる措置は、一方で、対象となる保護者の人権侵害の程度が大きい措置であることから、慎重な判断を要するが、警察がいたずらに権限の行使を躊躇していると、児童の生命、身体の安全に関わる重大事案につながりかねない。特に、これまでの情報から虐待が行われている可能性が高いにもかかわらず、児童の安否が確認できないときは、強制にわたる措置を積極的に検討することも必要である。

強制措置としては、次のようなものがある。

○　警察官職務執行法に基づく措置

保護者が暴行、脅迫等により職務執行を妨げようとするなどの場合において、警察官職務執行法第5条に基づき警告を発し又は行為を制止し、あるいは同法第6条第1項に基づき住居等に立ち入る。

・警　告

保護者が児童相談所長等に対して暴行、脅迫等の犯罪を正に行おうとするのを認めたときなどには、その予防のため、保護者に注意、勧告、指示等を行う。

・制　止

保護者が児童相談所長等に対して暴行、脅迫等の犯罪を正に行おうとするのを認めたときなどであって、児童相談所長等の生命若しくは身体に危険が及び、又は財産に重大な損害を受けるおそれがあり、急を要する場合には、犯罪を行わせないように実力によって阻止する。

・立　入

保護者が児童相談所長等に対して暴行、脅迫等の犯罪を正に行おうとするなどの危険な事態が発生し、人の生命、身体又は財産に対し危険が切迫した場合において、その危害を予防し、損害の拡大を防ぎ、又は被害者を救助するため、やむを得ないと認めるときは、合理的に必要と判断される限度において、児童の自宅等に立ち入る。

この際、立入の要件を満たし、立入の必要があれば、社会通念上相当と認められる範囲で、鍵を破壊するなどして立ち入ることもできる。

○　刑事訴訟法に基づく措置

児童相談所長等が保護者から暴行等を受けるなど、現に犯罪に当たる行為が行われている場合には、刑事訴訟法第213条に基づき現行犯逮捕するなどの検挙措置を講じることとなる。

(8) 関係機関との連携による被害児童・保護者等への支援

警察が児童虐待を認知した際には、児童相談所と緊密に連携し、通告等を速やかに実施しなければならないが、児童相談所以外の関係機関との連携も重要だ。少年サポートセンター※4は、

○　被害児童への継続的支援

○　関係機関とのネットワークの構築

○　被害少年サポーターや被害少年カウンセリングアドバイザーの効果的な運用

等を行っており、関係機関と連携した被害児童、保護者等への支援の中核といえよう。

(9) 迅速かつ的確な事件化の可否等の判断と捜査の遂行

児童虐待が疑われる事案の端緒を得た場合には、児童相談所への通告

※4　114ページ参照

と並行して、本部対処体制の指導・助言を踏まえつつ、迅速かつ的確に事件化の判断を行う。そして、事件化する場合には速やかに必要な捜査を行い、捜査を契機とした児童の安全確保を図る。

このとき、事件捜査を担当する課（例えば刑事課）と児童虐待対策を担当する課（生活安全課）は、被害児童の保護や支援が適切に行われるよう、お互いに必要な情報の共有を図り、それぞれの役割をしっかりと果たすことが重要であることは言うまでもない。

⑽　被害児童等からの事情聴取

児童からの事情聴取については、繰り返し重複した事情聴取が行われることによって、児童にとって過度な心身の負担となるおそれや、誘導や暗示の影響を受けやすい児童の特性により、供述の信用性に疑義が生じるといった指摘もある。

こうした指摘に対し、関係者の代表者による聴取は、児童の負担軽減及び児童の供述の信用性担保の双方に資する有効な聴取方法であるという認識の下、検察及び児童相談所との間の連携を強化する必要がある。

被害児童等からの事情聴取の際には、次の点に留意する必要がある。

○　事情聴取の時期・回数

記憶の減衰や汚染を避けるため、児童の状態を見極めながらも可能な限り早い段階で実施することが重要である。また、被害状況の主要な事情聴取は、可能な限り１回で終わらせる。

○　事情聴取の場所

事情聴取は、警察署の相談室や少年サポートセンター等、児童が快適に静穏な気持ちで話をすることができる場所を選定する。

○　聴取者

事情聴取は、客観的聴取技法の訓練を受けた者が行うことが望ましい。

○　事情聴取時の留意事項

事情聴取は、原則として聴取者と被害児童等が１対１で行い、児童が話をしやすい関係性を形成し、児童の自発的な報告がなされるように配意する。

参考資料

1　少年事件簡易送致書作成例

「簡易送致」といっても作成する捜査書類の重要性は基本送致の場合と全く同じであり、むしろ捜査の内容を正確かつ簡潔明瞭に記載しなければならないので、かえって基本送致の書類よりも難しいかもしれない。

また、簡易送致・基本送致の様式の違いはあっても、当然ながら、犯罪立証のために為すべき捜査を尽くすことには変わりないので、簡易送致＝手抜き捜査とならないように気を付けよう。

ここでは、少年事件簡易送致書及び捜査報告書（検察官送致用）、供述調書、被害届・任意提出書・領置調書・被害品確認・還付請書及び現場・被害額確認報告書の作成例を示すが、簡易送致書類の書式は、各都道府県警察、家庭裁判所、地方検察庁が協議の上、おおむね同様の様式を定めて運用しているので注意しよう[※1]。

なお、作成例中の氏名、住所等は架空のものである。

※1　犯罪捜査規範第214条、「「少年事件における簡易送致事件の処理要領」の運用について（通達）」（令和2年3月26日警察庁丙少発第10号）、「少年事件の簡易送致に係る書類の作成に当たっての留意事項について」（通達）（令和2年3月26日警察庁丁少発第257号）

閲	主任検察官		

別紙　様式第１号

検　第　　　　号

少年事件簡易送致書

送（　　）第○号
令和○年○月○日

○○地方検察庁
検察官検事　検事正　○○　○○　殿

○○県○○警察署
司法警察員　警視　○○　○○

下記被疑事件を送致する。

捜　査　報　告　書

令和○年○月○日

○○県○○警察署長　殿

○○県○○警察署
司法巡査　○○　○○

下記被疑事件を捜査した結果は、次のとおりであるから報告する。

罪名 罰条	窃盗 刑法第２３５条	発覚の端緒	令和　○年１２月１７日　午後５時１０分 □現認　☑職務質問　□聞込み　□届出 □その他（　　　　　　）

被疑者	氏名（ふりがな）	増田（ますだ）　健太（けんた）　㊚・女	生年月日	平成○年　５月１０日生（１５歳）
	職業 学校・学年	中学生　○○市立○○中学校　３　学年在学		
	住居	○○県○○市藤崎町柴原３２１番地（電話○○－○○○○）		
	本籍（国籍）	○○県○○市三輪町佐野５５０番地		
保護者	氏名	増田　広明	年齢	４０歳
	職業	会社員	少年との続柄	実　父
	住居	少年に同じ（電話○○－○○○○）		
犯罪事実 （日時、場所、方法、被害等）	被疑者は、令和○年１２月１７日午後５時頃、○○県○○市林町１１５番地市営○△駐輪場において、川野雅司所有の自転車１台（塗色黒色、防犯登録番号○○○○○、車体番号○○○○○、時価１万円相当）を窃取したものである。			
犯罪の動機	☑対象物自体の所有・消費目的　□一時的盗用　□遊び・好奇心・スリル　□遊興費充当　□憤怒　□その他（　　　　）			
事後の状況	☑犯行を素直に認め、改悛の情が顕著である。 ☑保護者が今後の善導を誓約している。 □その他（　　　　）			
警察として採った措置	☑少年に対して、厳重に訓戒を与え、将来を戒めた。 ☑次の者を呼び出し、監督上の注意を与え、その請書を徴した。 ☑親権者　□雇主　□その他（　　　） ☑少年に対して、被害者に対する被害の回復、謝罪等を講ずるよう指導した。 □その他（　　　　）			
備考				
担当者の官職氏名	捜査主任官　警部補　○○　○○　（電話○○－○○○○）			

（注意）□印のある欄については、該当の□内にレ印を付すこと。

別紙　様式第２号

供　述　調　書

被疑者名　　増田　健太

取調年月日	令和○年１２月１７日	取調場所	○○県○○警察署　少年補導室
取　調　官	○○県○○警察署　　司法　巡査　○○　○○　㊞		

上記の者に対する　☑窃盗　□遺失物等横領　□
被疑事件につき、本職は、あらかじめ被疑者に対し、自己の意思に反して供述をする必要がない旨を告げて取り調べたところ、任意次のとおり供述したので、これを録取して読み聞かせたところ、誤りのないことを申し立て本調書末尾に署名 指 印した。

１　僕は、令和○年１２月１７日午後５時頃、○○市林町１１５番地にある市営○△駐輪場に停めてあった黒色の自転車を盗んだことは間違いありません。

自転車の錠はかかっていませんでした。

２　僕は、1週間くらい前に、市営○△駐輪場で自分の自転車を盗まれてしまいました。

今日は、盗まれた自転車を探すため、午後4時頃に市営○△駐輪場に行ったのですが、僕の自転車は見つからず、代わりに錠のかかっていない自転車を見つけたので、それを僕のものにしようと思い盗みました。

盗んだ自転車に乗って友達の家に遊びに行こうと思い、１０分くらい走っていたところ、お巡りさんに声を掛けられて、自転車を盗んだことがばれてしまったのです。

３　僕が盗んだ自転車をお巡りさんと確認して

塗色　黒色

防犯登録番号　○○○○○

車体番号　○○○○○

という特徴であることが分かりました。

４　僕が自転車を盗んだ場所は、先ほどお巡りさんを案内して

○○県○○市林町１１５番地　市営○△駐輪場内

であることが分かりました。

５　軽い気持ちで、本当に馬鹿なことをしたと反省しています。

もう二度と悪いことはしません。

増田　健太　指印

（注意）□印のある欄については、該当の□内にレ印を付すこと。

別紙　様式第3号

被　害　届

○○県○○警察署長　殿　　令和○年12月17日

次のとおり☑盗難　□詐欺　□暴行　□その他（　　）
被害がありましたからお届けします。

住居　○○県○○市中尾町堀田233番地　　電話　○○－○○○○

職業　会社員　　氏名　川野　雅司　㊞（35歳）

被害者の住居、職業、氏名、年齢	届出人に同じ
被害の年月日時	令和○年12月17日　午前　7時　00分ころから 午後　6時　00分ころまでの間
被害の場所	○○県○○市林町115番地　市営○△駐輪場
被害の程度	☑下記目録のとおり（合計☑時価　□税抜き □税込み　1万円くらい　） □その他（　　）

任意提出書

○○県○○警察署長　殿　　令和○年12月17日

下記目録の物件を任意に提出します。用済みの上は、☑被害者 □私 に返して下さい。

氏名　増田　健太　㊞（15歳）

領　置　調　書

令和○年12月17日

○○県○○警察署
司法巡査　○○　○○　㊞

被疑者　増田　健太　に対する　窃盗　被疑事件につき、本職は、
○○県○○警察署　において、

☑差出人が任意に提出した
□　　が遺留したと認めたので次の者を立ち会わせて 下記目録の物件を領置した。

立会人（住居、職業、氏名、年齢）

被害品確認・還付請書

○○県○○警察署長　殿　　令和○年12月17日

下記目録の物件を確認しましたが、私が被害にあったものに相違なく、還付を受け、領収しました。

住居　○○県○○市中尾町堀田233番地　　電話○○－○○○○

職業　会社員　　氏名　川野　雅司　㊞（35歳）

目　録

品名	数量	金額	所有者	備考
自転車	1台	時価	川野　雅司	12月17日
○○製、塗色　黒色		1万円くらい		所有者に還付
防犯登録番号　○○○○○				
車体番号　○○○○○				

（注意）1　検察官に送らないで処分したものについては、その旨を備考欄に記入すること。
2　□印のある欄については、該当の□内にレ印を付すこと。

別紙　様式第４号

☑ 現　場
□ 被害額　**確認報告書**

令和○年１２月１７日

○○県○○警察署長　殿

○○県○○警察署
司法　巡査　　○○　○○　㊞

被疑者　**増田　健太**　に対する　**窃　盗**　被疑事件につき、本職は、下記のとおり確認した。

現場確認結果	確認日時	**令和○年１２月１７日午後　６時３０分ころから** **午後　６時４５分ころまでの間**
	確認目的	☑本件犯行現場を特定するため。　□本件被害現場を特定するため。 □その他（　　）
	立会人	住居　**○○県○○市藤崎町柴原３２１番地** 職業　**中学生（○○市立○○中学校３年）** 氏名　**増田　健太**　（１５歳）
	確認結果	☑犯行現場　□被害現場　□その他（　　） を確認した結果 **被疑者が自転車を窃取した場所は、** **○○県○○市林町１１５番地　市営○△駐輪場** **であることを確認した。**
被害額確認結果	確認年月日	年　月　日　｜　被害物件
	確認者	住居 職業　㊞ 氏名　（　歳）
	確認結果	上記確認者に、犯行当時における上記被害物件の時価を確認した結果、時価　　円相当と判明した。
被害現場確認・被害額確認　共用	現場の見取図等	至白川町 N 市営○△駐輪場 犯行場所 × 酒屋　石黒 至大林町 木村交差点 至柴田町 薬局　玉田 至鷹鶏町 床屋　大村
	参考事項	

（注意）１　□印のある欄については、該当の□内にレ印を付すこと。
２　「現場の見取図等」欄については、現場の見取図に代えて、現場の写真又は被害品の写真を貼付することができる。

2 触法事件送致書類作成例

触法少年に係る事件の児童相談所長への送致に当たっては、触法少年事件送致書を作成し、身上調査表その他の関係書類を添付することとなっている[※2]。また、児童相談所長に送致した場合の証拠物の取扱いについては、事件が家庭裁判所に送致されるまで保管し、事件が児童相談所長から家庭裁判所に送致されたときは、直接、家庭裁判所に送付することとなる[※3]。

なお、触法少年に係る事件については、少年事件処理簿を作成し、触法調査の指揮及び事件の送致又は通告その他の事件の処理の経過を明らかにしておかなければならない[※4]。

ここでは、触法少年事件送致書、申述書（保護者）、証拠物送付書及び証拠物総目録の作成例を示す。

※2 少年法第6条の6第1項、規則第22条第1項第1号

※3 少年法第6条の6第2項、「触法調査又はぐ犯調査に関する書類の様式を定める訓令の一部改正について」（令和4年3月30日付け警察庁丙少発第20号）

※4 規則第17条第2項

触法調査

別記様式第32号（活動規則第22条）

<table>
<tr><td colspan="5">

触法少年事件送致書

令和○年１１月２５日

○○児童相談所長　殿

○○県○○警察署長
官職　警視　蛯原　賢太郎　㊞

下記触法少年に係る事件を送致する。
</td></tr>
<tr><td colspan="2">罪　名、罰　条</td><td colspan="3">現住建造物等放火未遂　刑法第１０８条、同法第１１２条</td></tr>
<tr><td rowspan="4">少年</td><td>ふりがな
氏　　名</td><td>よしだ　すぐる
吉田　卓　　㊚・女</td><td>生年月日</td><td>平成○年５月５日生
（１３歳）</td></tr>
<tr><td>学校・学年</td><td colspan="3">○○市立○○中学校　１学年在学</td></tr>
<tr><td>住　　居</td><td colspan="3">○○県○○市水野３丁目５番１号
（電話　○○○－○○○○）</td></tr>
<tr><td>本　　籍
（国　籍）</td><td colspan="3">○○県○○市佐野１丁目４番３号</td></tr>
<tr><td rowspan="3">保護者</td><td>氏　　名
（名称又は商号及び代表者の氏名）</td><td>吉田　まどか</td><td>年　　齢</td><td>３４歳</td></tr>
<tr><td>職　　業</td><td>会社員</td><td>少年との続柄</td><td>実　母</td></tr>
<tr><td>住　　居
（主たる事務所又は本店の所在地）</td><td colspan="3">少年に同じ　（電話　○○○－○○○○）</td></tr>
<tr><td colspan="5">審判に付すべき事由発覚の端緒
被害者からの届出及び触法少年に対する事情聴取による。</td></tr>
<tr><td colspan="5">関連する事件につき、他の被疑者又は審判に付すべき少年の氏名及び捜査又は調査中、送致又は未送致の別等
なし</td></tr>
<tr><td colspan="5">審判に付すべき事由並びに情状及び処置に関する意見
別紙のとおり</td></tr>
<tr><td colspan="5">証拠その他参考となるべき事項
少年が放火に使用したライター１個は、同人から任意提出を受け、これを領置した。
少年が放火の際に着用していたジャケット１着、ジーパン１着、スニーカー１足については、保護者吉田まどかから任意提出を受け、領置した後、仮還付した。</td></tr>
<tr><td colspan="5">調査主任官の官職氏名
警部　難波　哲治　（電話　○○○－○○○○）</td></tr>
</table>

注意　１　この送致書は、触法少年に係る事件の児童相談所長への送致に用いること。
　　　２　「罪名、罰条」とは、少年の行為が触れた刑罰法令に係る罪名及び罰条をいう。

（用紙　日本産業規格Ａ４）

別紙

審判に付すべき事由並びに情状及び処置に関する意見

1　審判に付すべき事由

　少年は、自宅アパート前駐車場でキャッチボールをした際、被害者方家人から注意されたことに憤慨し、自己のうっぷんを晴らす目的で、○○県○○市池田2丁目13番3号所在の山本三郎が住居に使用する木造瓦ぶき平屋建て家屋（床面積約130平方メートル）を焼損しようと企て、令和○年11月20日午後4時頃、同家屋北西角に枯れ枝及び枯れ草を集め、これに新聞紙を置き、灯油をまいた上、所携のライターで新聞紙に点火して火を放ち、もって、現に人の住居に使用する同家屋を焼損しようとしたが、外壁をくん焼及び雨樋の一部を焼損させるにとどまり、その目的を遂げなかったものである。

2　情状及び処置に関する意見

　少年は、現在中学1年生であるが、これまで窃盗、傷害、恐喝の非行歴5回と喫煙、怠学、深夜はいかい等の補導歴26回を有し、年少者でありながら地元不良中学生を従えるなど、不良グループの中心的存在であり、不良行為を繰り返す非行深度の進んだ少年である。

　本件は、車両の行き来が多い駐車場でキャッチボールをしていた少年に、事故に遭わないよう注意喚起をした被害者に対して逆恨みをした少年が、同人の自宅を焼損しようと企て、新聞紙やライター等を準備した上で火を放ったものであり、極めて計画的で悪質な事件である。

　少年は、本件の面接に際して、目撃者の供述及び防犯カメラの解析結果からも放火事実が明白であるにもかかわらず、その事実を否認し、警察官の質問に対しては、「はぁ？知らんて」「おれ、関係ねぇし」など憮然とした回答に終始するなど、反省の態度は皆無である。

少年は、令和○年４月に敢行した恐喝事件で児童相談所に通告になった後、児童福祉司と心理士による更生に向けた面接を月１度受けているものの、恐喝事件以後も、令和○年６月に窃盗（オートバイ盗）事件を、同年８月には傷害事件を起こして児童自立支援施設収容意見で通告したところであるが、その素行は一向に治まらず、前回の非行から約３か月後に本件の犯行に及んだものである。

少年の家庭は、実母と妹、弟の４人家族であるため、少年の監護は実母が行っているが、実母は、少年を溺愛しており、本件の放火事件について、明白な非行事実があるにもかかわらず、少年の言い分をそのままうのみにし、警察に対して抗議をしてくる状況にある。また、実母は、少年の監護を強く希望しているが、度重なる少年の非行を矯正するどころか、少年の犯行の隠蔽工作に加担している状況までうかがわれ、保護者の監護能力は皆無である。

以上のとおり、少年をこのまま放置すれば、その資質、性格及び少年を取り巻く環境から、本件同様の行為を繰り返し行うおそれが認められる。

よって、少年の性格の矯正と環境の調整を図るため、家庭裁判所に送致し、審判に付した上で第１種少年院送致の措置が相当であると認められる。

触法・ぐ犯調査

別記様式第３号

申　述　書
(触法)・ぐ犯）事件
住　居　○○県○○市水野３丁目５番１号
（電話　○○○－○○○○）
職業 学校・学年　（少年との関係）　会社員（□□食品株式会社△△製造所）（実母）
氏　名　吉田　まどか
平成○年１０月１１日生（３４歳）
上記の者は、令和○年１１月２４日、○○県○○警察署において、本職に
対し、任意次のとおり申述した。
１　私は、令和○年１１月２０日に、近所の家に放火をしたという疑いで警
察から調べられている吉田卓の母親です。
２　私は、平成○年に夫と結婚し、３人の子供に恵まれましたが、性格の不
一致から、平成○年に夫と離婚しました。その際、私が３人の子供を引き
取ることとなり、離婚してからは、私を含めて４人で生活しています。
子供は、
長男、吉田　卓（１３歳）　市立○○中学校１年生
長女、吉田　裕子（１１歳）　市立○○小学校５年生
次男、吉田　暁（９歳）　市立○○小学校３年生
です。
３　今日は、卓の性格や日頃の行動などについて話をさせていただきます。
(1)　生活状況は、
私は、離婚してから、先ほど話した食品工場で働いており、給与は
手取りで、月平均２０万円くらい

○○○警察

注意　１　（触法・ぐ犯）の欄の該当部分に丸印を付けること。
　　　２　（少年との関係）欄は、少年本人が申述した場合は「本人」と、家族の場合はその続柄を記載すること。

（用紙　日本産業規格Ａ４）

をもらっています。また、離婚した夫からは、毎月養育費として１０万円をもらっており、貯金も２００万円くらいはありますので、子供と４人で暮らしていくだけのお金は十分あります。ですから、私たちの生活レベルは、普通一般の家庭と変わりなく、中流くらいだと思っています。

⑵　現在住んでいる家は、

建坪３０坪くらいの築３０年たった借家

で、これを１か月５万円の家賃で借りています。

⑶　卓の出生などについて話します。

卓は、離婚した夫と私の長男として、○○市内で

平成○年５月５日

に出生しました。その後、大きな病気をすることもなく順調に成長し、

令和○年３月に○○市立○○小学校を卒業

令和○年４月に○○市立○○中学校に入学

し、現在、同校の１年２組に在学中です。

⑷　小遣いは、

卓には、毎月５，０００円を渡していますが、小遣いがなくなると「金をくれ」と言ってくるので、その都度、必要なお金を渡しています。その分を含めると、月に平均して１万円くらいは渡していると思います。

⑸　卓の性格は、

明るく素直で、優しい子です。学校では、先生の言うことをあまり聞いていないようですが、根は素直で優しい子なので、学校の対応に問題

○○○警察

があるのではないかと思っています。

また、卓は、普段、不良みたいな格好をして、いきがったりしていますが、本当は、気が小さい子なのです。

(6) 交友関係について話します。

卓の交友関係ですが、ＳＮＳで知り合った同年代の友達と仲良くしていると思いますが、友達の名前やどこに住んでいるかは分かりませんし、何をして遊んでいるかも分かりません。

卓は、暴走族には入っていないと思いますし、暴力団との付き合いもないと思います。

(7) 学校生活についてですが、

卓は、令和○年４月に市立○○中学校に入学しましたが、入学後は、ほとんど学校へ行ってません。ですから学校の成績も当然悪く、常に下の方です。

たまに学校に行くことはあっても、夜遅くまで遊んでいることが多いため、遅刻して行くようです。しかし、学校へ行くと面白くないことが多いようで、先生や同級生に対して暴言を吐いたり、教室で暴れたり、時には暴力を振るったりするため、中学校では友達は多くないと思います。

卓が学校で何かするたびに、私が学校に呼ばれ担任の先生から注意や指導を受けるのですが、本来であれば、学校で起きた問題は、学校が解決するものだと思いますので、専門家である先生がもっとしっかりと指導してくれればいいと思います。

(8) 過去の非行についてですが、

○ ○ ○ 警 察

　卓は、過去に

　　　自転車盗、恐喝、オートバイ盗、傷害

などで警察に捕まりましたが、あまり詳しいことは覚えていません。

　ただ、令和○年４月に友達からお金を恐喝したということで、警察に調べられた後、月に１度、児童福祉司による面接を受けていますが、卓の行動に変化はありません。

　その他、卓がたばこを吸っていたり、夜遅く出歩いていたなどで、何度か警察から連絡をもらったことがあります。

　私としては、子どもは誰でも悪いことをするのだから、あまりムキになって指導するのではなく、あたたかい目で見守っていれば、そのうち卓の問題行動も治まるのではないかと思っております。卓くらいの年齢の時は、注意をするとかえって反発して逆効果だと思っていますので、卓がよほどのことをしない限り、私から注意をしないつもりです。

⑼　放火事件についてですが、

　今回、警察で調べられた放火のことは、刑事さんから説明を受けましたが、卓がやったとは、とても信じられません。卓は、今まで恐喝や泥棒のようなまねをしてきたので、警察から疑われるのは仕方ありませんが、私が卓から聞いたところ、

　　　僕は犯人じゃない

と言っていましたので、母親としては、卓の言葉を信じています。

　もしも卓が犯人だったとしても、誰か悪い友達に唆されて、仕方なくやらされているのだと思います。

　卓は、今までいろいろ悪いこともしましたが、そのたびに私がしっか

○　○　○　警　察

りと指導をしてきましたので、これからも私が面倒を見ていこうと思っ

ています。

吉田　まどか　㊞

以上のとおり録取して読み聞かせたところ、誤りのないことを申し立

て署名押印した。

前　同　日

○○県○○警察署

巡査部長　佐々木　岳史　㊞

触法調査

別記様式第34号（少年法第６条の６）

証　拠　物　送　付　書

令和○○年○○月○○日

○○家庭裁判所　　殿

○○県○○警察署

官職　警視　蛯原　賢太郎　　㊞

下記触法少年に係る事件の証拠物を送付する。

少年	氏名（ふりがな）	吉田　卓（よしだ　すぐる）　㊚・女	生年月日	平成○年５月５日生（１３歳）
	学校・学年	○○市立○○中学校１年生		
	住居	○○県○○市水野３丁目５番１号（電話　○○○－○○○○）		
	本籍（国籍）	○○県○○市佐野１丁目４番３号		
家庭裁判所に送致した児童相談所長名		○○児童相談所長		
児童相談所長から家庭裁判所への送致年月日		令和○○年○○月○○日		
児童相談所長から家庭裁判所への送致罪名		現住建造物等放火未遂		
証拠物		別紙証拠物総目録のとおり		
備考				
調査主任官の官職氏名		警部　難波　哲治　（電話　○○○－○○○○）		

注意　1　警察官から児童相談所長に送致した触法少年に係る事件について、児童相談所長が家庭裁判所に送致した場合の、警察官から家庭裁判所への証拠物の送付に用いること。
2　家庭裁判所に送致した旨児童相談所長から通知された書面の写しを本書末尾に添付すること。
3　「罪名」とは、少年の行為が触れた刑罰法令に係る罪名をいう。

（用紙　日本産業規格Ａ４）

触法調査

別記様式第30号

押収番号	令和○○年　第○○○号

証拠物総目録			触法少年	吉田　卓　ほか　名		
符号	品　名	数量	被差押人、差出人又は遺留者の住居、氏名	所有者の住居、氏名	備考	
					警　察	家庭裁判所
1	ライター（ピンク色）	1個	○○県○○市水野 3丁目5番1号 吉田　卓	左　同		
2	ジャケット	1着	○○県○○市水野 3丁目5番1号 吉田　まどか	左　同	仮還付	
3	ジーパン	1着	同　上	同　上	仮還付	
4	スニーカー	1足	同　上	同　上	仮還付	
			㊞			

注意　1　この目録は、家庭裁判所送付、保管委託（警察署保管を含む。）、仮還付の順序に記載し、符号は一連の整理番号とすること。ただし、保管委託及び仮還付のものについては、その旨備考（警察）欄に記載すること。
　　　2　上部欄外の押収番号は、個々の事件ごとに付した番号を記載すること。

（用紙　日本産業規格Ａ４）

3　触法事件通告書類作成例

触法調査の結果、少年を送致する場合を除き、少年が要保護児童であると認められたときは、児童通告書により児童相談所へ通告する。

触法少年の児童相談所への通告に当たっては、触法調査によって判明した通告理由及び処遇意見を付した通告書のみで通告すればよいが、事件の内容によっては、児童相談所から申述書の謄本等の送付を求められる場合もある。

このほか、調査の概要及び結果については、児童相談所に調査概要結果通知書で通知することとなっている[※5]。

なお、触法調査の過程で、少年が要保護児童であると認められた場合で、また、急を要し、児童通告書を作成して通告するいとまがない場合は、口頭により通告し、その内容を記載した児童通告通知書を事後に送付することができる[※6]。

ここでは、児童通告書、調査概要結果通知書及び児童通告通知書の作成例を示す。

※5　規則第22条第1項第2号

※6　規則第38条、留意通達第6の13、第9の3

別記様式第37号（活動規則第22条、第33条、第38条、第39条）

児童通告書

令和○年６月２０日

○○児童相談所　　殿

○○県○○警察署長

☑児童福祉法第25条第１項
□児童虐待の防止等に関する法律第６条第１項 の規定により下記児童を通告する。

<table>
<tr><td rowspan="3">児童</td><td>氏名（ふりがな）</td><td>塩下（しおした）　賢治（けんじ）　㊚・女</td><td>生年月日</td><td>平成○年３月１０日生（１２歳）</td></tr>
<tr><td>職業
学校・学年</td><td colspan="3">中学生（○○市立○○中学校１年）</td></tr>
<tr><td>住居</td><td colspan="3">○○市北区松永町２丁目３番１号</td></tr>
<tr><td rowspan="3">保護者</td><td>氏名
（名称又は商号及び代表者の氏名）</td><td>塩下　花子</td><td>生年月日</td><td>昭和○年１０月１１日生（３８歳）</td></tr>
<tr><td>職業</td><td>会社員</td><td>児童との続柄</td><td>実母</td></tr>
<tr><td>住居
（主たる事務所又は本店の所在地）</td><td colspan="3">児童に同じ　　（電話　○○－○○○○）</td></tr>
</table>

通告理由及び処遇意見

１　通告理由

児童は、令和○年６月１日午後４時３０分頃、○市北区川崎町１丁目２５番地先駐輪場において、甲野太郎所有の自転車１台（時価５，０００円相当）を窃取したものである。

２　処遇意見

児童は、非行歴、補導歴はなく、平成○年に両親が離婚後、実母と二人で暮らしている怠学傾向を有する中学１年生である。

本件は、児童が「自転車を買ってもらえない」という理由で、自宅近くの駐輪場から無施錠の自転車を窃取したもので、その犯行・動機は単純軽微であるが、児童の性格は、学校内で教師や同級生に対する粗暴行為や怠学を繰り返すなど、自己中心的な性格が窺える。

また、これらの行動に対する教師等の訓戒にも、自己の正当性を主張して反発し、反省の態度は見せず、規範意識が希薄であることから、再非行のおそれも否めない。

実母は、仕事を終えると交際相手方に外泊する等して家を空けることが多く、自宅内はゴミが散乱状態で児童の食事にすら配意しないなど、ネグレクト傾向が認められる。

また、児童の問題行動に対する教師からの助言・指導を聞き入れず、本件非行に関する聴取に際しても、「仕事が忙しくて子供の面倒を見てる余裕はない」等と申し立てるなど、児童の養育に無関心、放任状態であり、監護意思・能力ともに極めて低いと認められる。

よって、児童の性格・行状の矯正及び家庭環境の調整を図る必要から、児童福祉司による指導が必要であると認められる。

備考

担当者の官職氏名
警部　○○　○○　　（電話　○○－○○○○）

注意　１　□印のある欄については、該当の□内にレ印を付すこと。
　　　２　必要に応じて、児童の引渡しの有無、健康状態、所持金品等を備考欄に記入すること。
（用紙　日本産業規格Ａ４）

別記様式第37号の２（活動規則第38条、第39条）

<table>
<tr><td colspan="5" align="center">児　童　通　告　通　知　書</td></tr>
<tr><td colspan="5">令和○年６月５日
○○児童相談所　殿
○○県○○警察署長
☑少年警察活動規則第38条第２項
□少年警察活動規則第39条第２項　の規定により下記児童を口頭により通告したので通知する。</td></tr>
<tr><td colspan="2">通告した年月日時</td><td colspan="3">令和○年６月１日　午後５時４０分</td></tr>
<tr><td colspan="2">通告した者の官職氏名</td><td colspan="3">警部補　○○　○○</td></tr>
<tr><td colspan="2">通告受付者の所属・氏名</td><td colspan="3">○○児童相談所　○○係　○○　○○</td></tr>
<tr><td rowspan="3">児童</td><td>ふりがな
氏名</td><td>しおした　けんじ
塩下　賢治　㊚・女</td><td>生年月日</td><td>平成○年３月１０日生（１２歳）</td></tr>
<tr><td>職業
学校・学年</td><td colspan="3">中学生（○○市立○○中学校１年）</td></tr>
<tr><td>住居</td><td colspan="3">○○市北区松永町２丁目３番１号</td></tr>
<tr><td rowspan="3">保護者</td><td>氏名
（名称又は商号及び代表者の氏名）</td><td>塩下　花子</td><td>生年月日</td><td>昭和○年１０月１１日生（３８歳）</td></tr>
<tr><td>職業</td><td>会社員</td><td>児童との続柄</td><td>実母</td></tr>
<tr><td>住居
（主たる事務所又は本店の所在地）</td><td colspan="3">児童に同じ　（電話　○○－○○○○）</td></tr>
<tr><td colspan="5">通告理由及び処遇意見
１　通告理由
（省略）

２　処遇意見
（省略）</td></tr>
<tr><td colspan="5">備考
児童については、令和○年６月１日、○○児童相談所に引渡し済。</td></tr>
<tr><td colspan="5">担当者の官職氏名
警部　○○　○○　（電話　○○－○○○○）</td></tr>
</table>

注意　１　この書類は、少年警察活動規則第38条第２項又は第39条第２項の規定による通告を口頭により行った場合に作成し、児童相談所に送付すること。
　　　２　□印のある欄については、該当の□内にレ印を付すこと。
　　　３　必要に応じて、児童の引渡しの有無、健康状態、所持金品等を備考欄に記入すること。

（用紙　日本産業規格Ａ４）

別記様式

調査概要結果通知書

令和○年6月20日

○○児童相談所　殿

○○県○○警察署長
警視　○○　○○　㊞

少年法第6条の6第3項の規定により下記少年についての調査の概要及び結果を通知する。

<table>
<tr><td colspan="2">少年の氏名（ふりがな）</td><td>塩下（しおした）　賢治（けんじ）　（男）・女</td><td>生年月日</td><td>平成○年3月10日生（12歳）</td></tr>
<tr><td colspan="2">保護者の氏名（名称又は商号及び代表者の氏名）</td><td>塩下　花子</td><td>生年月日</td><td>昭和○年10月11日生（38歳）</td></tr>
<tr><td colspan="2">通告年月日</td><td colspan="3">令和○年6月20日</td></tr>
<tr><td rowspan="7">概要</td><td rowspan="3">書類の作成状況</td><td>少年の申述書等作成事実</td><td>（有）・無</td><td>3通</td></tr>
<tr><td>保護者その他関係者の申述書等作成事実</td><td>（有）・無</td><td>2通</td></tr>
<tr><td>調査報告書作成事実</td><td>（有）・無</td><td>1通</td></tr>
<tr><td rowspan="3">強制処分の実施状況</td><td>捜索・差押えの実施の有無</td><td colspan="2">有　・　（無）</td></tr>
<tr><td>検証の実施の有無</td><td colspan="2">有　・　（無）</td></tr>
<tr><td>鑑定処分の実施の有無</td><td colspan="2">有　・　（無）</td></tr>
<tr><td>証拠物の有無及び数量並びにそれに対する措置</td><td colspan="3">有り
自転車（黒色軽快、車体番号123456）1台は、被害者に返還した。</td></tr>
<tr><td rowspan="2">結果</td><td>非行事実の概要</td><td colspan="3">児童通告書記載の通告理由のとおり</td></tr>
<tr><td>要保護性に係る事実の概要</td><td colspan="3">児童通告書記載の処遇意見のとおり</td></tr>
<tr><td colspan="5">備　考</td></tr>
<tr><td colspan="5">調査主任官の官職氏名
警部　○○　○○　（電話○○－○○○○）</td></tr>
</table>

備考　書類の作成状況欄及び強制処分の実施状況欄の該当部分に丸印を付けること。
（用紙　日本産業規格A4）

4　ぐ犯事件送致書類作成例
(家庭裁判所送致事件)

ぐ犯少年に係る事件を家庭裁判所へ送致するに当たっては、ぐ犯少年事件送致書を作成し、身上調査表その他の関係書類を添付して送致するとともに少年事件処理簿を作成し、ぐ犯調査の指揮及び事件の送致又は通告その他の事件の処理の経過を明らかにしておかなければならない[※7]。

ここでは、ぐ犯事件送致書類のうち、ぐ犯少年事件送致書、ぐ犯事件調査報告書、申述書、申述書（保護者)、預り書、受領書及び少年事件処理簿の作成例を示す。

※7　規則第30条第3項、留意事項通達第7の3

ぐ犯調査

別記様式第33号（活動規則第33条）

ぐ 犯 少 年 事 件 送 致 書

令和○○年○○月○○日

○○　家庭裁判所　　殿

○○県○○警察署

官職　　警視　　寺 部　昭 充　　　印

下記ぐ犯少年に係る事件を送致する。

件　　名		ぐ犯少年に係る事件　少年法第３条第１項第３号 ☑イ　☑ロ　☑ハ　☑ニ		
少年	ふりがな 氏　　名	こじま　はなこ 小島　花子　　　　男・㊛	生年月日	平成○年○月○日生 （１７歳）
	職　　業 学校・学年	私立○○高等学校　　３学年在学		
	住　　居	○○県○○市南区熊沢町５丁目２番１３号 （電話　○○○－○○○○）		
	本　　籍 （国　籍）	○○県○○市向井区森町９８番地		
保護者	氏　　名 （名称又は商号及び代表者の氏名）	小島　勝広	年　　齢	５０歳
	職　　業	会社員	少年との続柄	実父
	住　　居 （主たる事務所又は本店の所在地）	少年に同じ （電話　○○○－○○○○）		

審判に付すべき事由発覚の端緒
家出中のぐ犯少年小島花子の発見、保護による。

関連する事件につき、他の被疑者又は審判に付すべき少年の氏名及び捜査又は調査中、送致又は未送致の別等
なし

審判に付すべき事由並びに情状及び処置に関する意見
別紙のとおり

証拠その他参考となるべき事項
少年が所持していたコンドーム１０個は、同人から差し出しを受け、これを預かった後、保護者小島良子に返還した。

調査主任官の官職氏名
警部　中西　賢一郎　　　　（電話　○○○－○○○○）

注意　１　この送致書は、ぐ犯少年に係る事件の家庭裁判所への送致に用いること。
　　　２　□印のある欄については、該当の□内にレ印を付すこと。

（用紙　日本産業規格Ａ４）

別紙

審判に付すべき事由並びに情状及び処置に関する意見

1　審判に付すべき事由

少年は、令和○○年、私立○○高校に進学したが、同校への進学が自己の意に添わなかったことや校則等に対して反感を持ち、高校２年の９月頃から、早退や怠学を繰り返し、それを父親から叱責されるや、さらに反抗心を強め母親の注意、助言を無視して無断外泊を繰り返す生活をしていたものである。

本年８月中旬の夏休み期間中に友人らと旅行したことを契機に、自由奔放な生活にあこがれ、同年８月３１日に家出をし、その後、暴力団組員と交際を始め、同人と性交渉を持つとともに、覚醒剤を使用したことを申し述べ、さらに、「援助交際」と称して売春行為を反復して行うなどの生活を繰り返していたもので、保護者の正当な監護に服さず、自己又は他人の徳性を害する性癖を有し、不道徳な者と交際し、正当な理由なく家庭に寄り付かないなど、このまま放置すれば少年の性格又は環境に照らして、将来、売春防止法違反、覚醒剤取締法違反等の罪を犯すおそれがある。

2　情状及び処置に関する意見

少年は、両親の間に次女として出生、現在、私立○○高校３年に在学し、非行歴１件、補導歴２件を有するものである。

高校に進学後、素行が乱れ、家出をし、暴力団員と交際した上、売春行為により生活費、遊興費を得ていたもので、覚醒剤の使用も認めているところである。

父親は、少年に対する監護をあきらめている状態が窺われ、母親は、少

年の非行を憂慮するものの、過保護の面が見受けられ、保護者としての適
切な監護が期待できず、両親とも矯正施設収容を希望しており、この機会
を逃しては所在不明になるおそれが十分認められ、その更生をし難いこと
から、少年の性格の矯正と生活環境の調整を図るために、第1種少年院送
致が適当と認められる。

令和〇〇年〇〇月〇〇日

〇〇県〇〇警察署長

警視　寺　部　昭　充　　殿

〇〇県〇〇警察署

巡査部長　加藤　一郎　㊞

巡　　査　鈴木　次郎　㊞

ぐ犯事件調査報告書

本　籍　〇〇県〇〇市向井区森町９８番地

住　居　〇〇県〇〇市南区熊沢町５丁目２番１３号

職　業　高校生（私立〇〇高等学校３年生）

小島　花子　　　平成〇年〇月〇日生（１７歳）

上記の者は、当署においてぐ犯少年として取扱い中の者であるが、同少年のぐ犯性等について調査した結果は、次のとおりであるから報告する。

記

1　発見の日時・場所

(1)　発見日時

令和〇〇年１０月１４日午前１時３０分頃

(2)　発見場所

〇〇県〇〇市三品町２丁目５番地　スナック・タヌマーン先路上

2　発見の端緒

街頭補導により家出中の上記少年を発見したことによる。

3　保護者（実父）

住居　少年に同じ

職業　会社員（南株式会社営業部長）

小島　勝広（５０歳）

4　調査の経過

(1)　ぐ犯少年の発見状況

令和○○年１０月１４日午前１時１５分頃、本職が当署生活安全課少年係巡査鈴木次郎とともに、当署管内三品町２丁目の路上において街頭補導中、

髪を茶色に染め、ピンク色ブラウス、青色ミニスカートの一見して１０代と認められる少年（前記少年）

を発見した。同人に対し職務質問を行ったところ、少年は、自分の氏名、年齢について、

小島花子　２１歳

と答えたが、伏し目がちで態度に落ち着きがなかったことから、同人の生年月日や干支を質問したところ、答えに窮し、観念したように、

本当は１７歳です。

と申し立てた。時間的にも無断外泊若しくは家出中の少年と思料されたことから、同人を○○警察署に任意同行した。

同所において、同人の承諾の下、所持品を提示させたところ、同人の写真が貼付された私立○○高等学校の生徒手帳を発見し、同人が前記小島花子（１７歳）であることが判明した。さらに、所持品から、

コンドーム　　１０個

を発見したため、本人の所有物であることを確認の上、任意差し出しを受けてこれを預かった。

また、少年承諾の下、両腕を確認したところ、同人の左腕肘部内側に
注射痕らしき跡が認められた。

⑵　家出の事実の確認

鈴木巡査が、判明した少年の人定事項により照会した結果、令和○○年９月３日に保護者から行方不明者届が提出されていることが判明し、保護者に連絡したところ、少年の家出の事実が確認されたことから、令和○○年１０月１４日午前１時５０分、保護措置を講じた。

⑶　非行歴・補導歴

少年の非行歴及び補導歴を調査した結果、

ア　非行歴

令和○○年９月１０日、○○警察署　　　窃盗（万引き）

イ　補導歴

令和○○年４月１０日、○○警察署　　　深夜はいかい

令和○○年７月１２日、○○警察署　　　喫煙

の非行歴１件、補導歴２件を有していることが判明した。

⑷　家族関係

少年及び来署した実母から聴取した結果、家族関係は次のとおりであった。

実父　会社員（南株式会社営業部長）小島　勝広　（５０歳）

実母　無職　　　　　　　　　　　　　　　良子　（４８歳）

実姉　大学生（私立杉山大学１年生）　　　佐代子（１９歳）

⑸　少年からの事情聴取内容

ア　家出の原因・理由

父親は、学業成績の優秀な姉のことばかり大切にし、私の顔を見れば小言を言うし、父親の顔を見るのも嫌だった。

また、高校は校則が厳しく、勉強にもついていけなかったので成績も悪く、友達も少なかったので、面白くなく、自由気ままな生活にあこがれていた。

イ　家出中の行動

少年の家出期間は、本人と保護者の申述及び行方不明者届受理票により

令和○○年８月３１日から保護した令和○○年１０月１４日までの間

であることが判明し、その間の行動として、以下の内容を申し立てた。

(ア)　繁華街である三品町のゲームセンターで遊んでいたところ、楢木大作という３０歳くらいの男にナンパされて、カラオケに行き、食事をごちそうになり、その後、ホテルへ一緒に行ってセックスをした。それから２０日間くらい、楢木のマンションで生活したが、その間、楢木と一緒に６〜７回覚醒剤を使用した。

(イ)　楢木とマンションでの生活を始めると、楢木が「援交やってバイトしないか。小遣いくらいは自分で稼げよ。」などと言われ、楢木が紹介してくれた男とセックスをして１回につき３万円をもらっていた。回数は４回くらいだと思う。

(ウ)　令和○○年９月３０日頃、楢木がマンションから居なくなったが、うわさでは楢木は警察に追われて逃げていると聞いた。その後

は、スマホの出会い系サイトを使用し、援助交際をしてくれる相手を探しては小遣いを稼ぎ、援助交際してくれた人と一緒にホテルに泊まっていた。援助交際の相手が見つからなかったときは、インターネットカフェで泊まっていた。今日も援助交際をして小遣いを稼ぎ、相手の男の人とホテルに泊まろうと思い、スマホの出会い系サイトで相手を探しながら、ぶらぶら歩いていたところを刑事さんに見つかってしまった。

(エ)　家に帰れば、また父親に怒られるし、学校にも行きたくない。家に帰ってもまた家出するつもりだ。今度は遠くへ行って見つからないようにする。

(6)　保護者（実母）からの事情聴取

実母から、家庭環境及び少年の性格、行状等を聴取した要旨は次のとおりである。

ア　花子（少年）は、高校に入ってから、勉強についていけなくなり、徐々に学校に行かないようになった。夫が厳しく叱った。その後、深夜に帰宅することが多くなり、夫も見放して何も言わなくなった。夫は出来のいい長女を溺愛する傾向があった。

イ　なんとか高校３年に進級したが、髪を茶色に染めたり、ピアスをするなどのほか、無断外泊が多くなった。

ウ　夏休みに入り友人と旅行に行かせたが、いったん帰宅したものの、８月３１日に家出をし、心当たりを探したが見つからないので、９月３日に捜索願を出した。今日、警察の方から、花子は、覚醒剤に手を出している可能性があり、家出中は、体を売って小遣いを稼いでいた

という話を聞かせてもらい、私自身、花子に直接確認したところ、警
察の方が言っていることに間違いないことが分かった。
今まで辛抱強く花子の面倒を見てきたが、これ以上は私たちの手に
負えないので、施設に入れてほしいと思っている。
5　参考事項
(1)　少年が交際していたと申し立てた楢木大作について調査したところ、
指定暴力団○○組○○一家○○組
組員　　　楢木　大作
と判明し、同人については、本年9月28日、当県○○署において、覚
醒剤取締法違反（所持）で逮捕状の発付を得て追跡捜査中であり、極め
て犯罪性の強い者であることが判明した。
(2)　少年が覚醒剤の使用を認めていること及び左腕肘部内側に注射痕らし
き跡が認められたことから、少年から尿の任意提出を受け、令和○○年
10月14日、当署において薬物予試験を実施するも、陽性反応を呈さ
なかった。
(3)　なお、
少年から預かったコンドーム10個
については、写真撮影をした後、同日、実母に返還した。
6　審判に付すべき事由
※　審判に付すべき事由については、本件ぐ犯少年事件送致書（別記様式
第33号）の別紙参照
7　適用法条
少年法　第3条第1項第3号イ、ロ、ハ、ニ

触法・ぐ犯調査

別記様式第３号

申　　述　　書
（触法・ぐ犯）　事件
住　　居　〇〇県〇〇市南区熊沢町５丁目２番１３号
（電話　〇〇〇－〇〇〇〇）
職業 学校・学年（少年との関係）　私立〇〇高等学校３年（本人）
氏　　名　　　小島　花子
平成〇年〇月〇日生（１７歳）
上記の者は、令和〇〇年１０月１４日、〇〇県〇〇警察署
において、本職に対し、任意次のとおり申述した。
１　私の生まれたところは、市内の病院だと母から聞いています。本籍は、
よく知りませんが、市内向井区森町だと思います。
２　家族は、
お父さん　　小　島　勝　広（５０歳）南株式会社営業部長
お母さん　　　　　　良　子（４８歳）無職
お姉ちゃん　　　　　佐代子（１９歳）大学生
で、さっき話した住所地に私と一緒に暮らしています。両親のうち、お母
さんは大好きですが、お父さんは大嫌いです。
お父さんは、私が小学生の頃は優しかったのですが、中学３年生の頃か
ら、私の顔を見ると、勉強しろとばかり小言を言ってきたし、何かといえ
ば、学校の成績の良いお姉ちゃんと私を比べるから大嫌いです。
高校２年の頃も、私が学校をさぼった時、お父さんは、私の言い分など
全然聞かず、一方的に怒りました。
お母さんは、いつも私の話も聞いてくれるし、お姉ちゃんと私を比べた

〇　〇　〇　警　察

注意　１　（触法・ぐ犯）の欄の該当部分に丸印を付けること。
　　　２　（少年との関係）欄は、少年本人が申述した場合は「本人」と、家族の場合はその続柄を記載すること。

（用紙　日本産業規格Ａ４）

りしません。私が悪いことをしても、すぐ許してくれるし、お父さんのように口やかましくもありません。頼み事をしても大体聞いてくれて、お小遣いが欲しい時も私の希望どおりの額をくれたりするので大好きです。

お姉ちゃんも好きですが、大学に入ってからは、何か別の世界の人みたいで、最近は話もしなくなりました。

3 私の性格ですが、

長所は、明るいところだと思います。

知らない人とでも、気が合えばすぐに仲良くなれます。

短所は、少し短気なところです。

カッとなると、後のことを考えずに行動してしまうことがあります。

4 学校生活等について話します。

私は、地元の○○小学校と○○中学校に通っていました。中学生の時の成績は、いつも真ん中くらいで、普通の子だったと思います。クラブ活動は、1年生の時、バドミントン部に入りましたが、3か月でやめました。やめた理由は、先輩にむかつく奴がいたからです。

高校はさっき話した私立○○高校に、令和○年の4月に入りましたが、本当は、中学の友達がたくさん進学した県立○○高校に行きたかったのです。でも、お父さんが私立○○高校を受験しろと言うので、仕方なく塾に通い、受験勉強をして入学しましたが、この高校は嫌いです。

その理由は、

校則が厳しくて、髪の毛の長さや制服のスカートの長さまで、先生がうるさく文句を言ってくるし、本当にうざい学校

だからです。私としては、もう二度とこの高校に行く気はありません。

5　友達についてですが、

中学校の時は、友達がたくさんいました。特に仲が良かったのは

○○　○○子　　県立○○高校３年

○○　○○美　　県立○○高校３年

○○　○○恵　　県立○○商業高校３年

です。高校に入ってからは、さっきも言いましたが、友達はほとんどいません。

みんな上品ぶって、むかつく奴ばかりなので、仲良くなれません。好きな男子はいますが、名前は言いたくありません。

6　今までで警察に捕まったりしたことなどについて話します。

私は、これまでに、万引きで１回、警察に捕まっています。万引きは、

私が高校２年の時の令和○○年９月のことで、○○駅前の化粧品店で、５，０００円くらいする口紅を１本万引きして、店の人に見つかり、○○警察署に連れていかれ、お巡りさんの取調べを受けました。

この時は、口紅がどうしても欲しかったわけではなく、口紅を買えるだけのお金は持っていたのですが、持っているお金を使うのがもったいなくなって万引きしてしまったのです。

この時は、警察署までお母さんが来てくれて、盗んだ口紅もお店から買い取ってくれており、後で裁判所に呼ばれたりもしていません。

そのほか、半年くらい前に夜遊びをしていた時と、３か月くらい前にたばこを吸っていた時にお巡りさんから注意を受け、警察からお母さんのと

ころに連絡が来たようでしたが、お母さんから注意を受けた覚えはありま
せん。
7　趣味や好きな食べ物などについてですが、
　趣味というほどのものはありませんが、友達とカラオケで騒ぐのが好き
です。
　たばこは、高校に入ってから吸い始めて、今は、
　　　　　マルボロのメンソールを１日に１０本くらい
吸います。
　お酒は、カラオケに行ったときに、
　　　　　サワーを３杯くらい
飲みます。お酒を飲むとウキウキした気分になります。
8　これから、家出した理由や家出中にやっていたことについて話します。
　今日、お母さんが警察署に来て、私の顔を見るなり泣き出したのを見
て、
　　　　　お母さんに心配させて悪かったな
と反省しましたので、正直に話したいと思いますが、私の言い分も知って
もらいたいと思います。
(1)　さっきも話しましたが、私は、私立○○高校には行きたくありません
　でした。受験勉強をたくさんやるのも嫌でしたし、この高校は自分には
　合わないと思っていたからです。でも、お父さんは自分の将来のためだ
　から受験しろと言うし、お母さんも励ましてくれたので、嫌いな塾にも
　通い、何とか合格できました。
　　高校に入学したものの、やっぱり私には向いていないことを実感しま

○　○　○　警　察

した。なぜなら、高校の校則が厳しく、髪の毛やスカートの長さまで注意されましたし、同級生は皆勉強がよく出来て、１年生の間の私の成績は、

　　　クラスで一番ビリ、全体でも下の方

だったのです。成績が悪いことで、お父さんからは叱られるし、本当に毎日面白くありませんでした。

⑵　それでも何とか２年に進級できましたが、学校は相変わらず面白くありませんでした。特に、２年生になって、担任が女の先生になりましたが、この先生は、口やかましくて、気取っていて、大嫌いでした。

　そんなこともあって、ますます学校に行くのが嫌になり、１時間目が終わると、体の具合が悪いとうそをついて早退することが多くなりました。

　そして、令和○○年の９月頃からは、朝起きると、学校へ行くのが本当に嫌になり、家を出てから学校には行かず、駅前のデパートでぶらぶらして、公園等でお弁当を食べたりして時間をつぶしたりしていました。

　週に２日か３日くらいはこうして学校をさぼっていましたが、学校から家に連絡があって全部ばれてしまい、お父さんからきつく叱られました。私としては、大変ショックでしたし、

　　　行きたくもない学校に行かされているのに

とむかつき、それからは、お父さんの顔を見るのも嫌になりましたので、夜になると、中学時代の同級生の家に泊まりにいくようになりました。

○　○　○　警　察

そのことで、お父さんも最初は怒ってましたが、そのうち、私には声も掛けなくなり、お姉ちゃんのことばかり大事にするような態度になったので、私は余計面白くなかったのです。でも、毎日遊び歩くのも楽しかったので、その後も自分勝手にしていました。さっき話した万引きもこの頃のことです。

⑶　学校はずいぶんさぼりましたが、今年、３年生には進級しました。

でもこの頃には学校が本当に嫌になり、家にいるのも嫌になっていましたので、友達の家によく泊まりにいっていました。

一番多く泊まりにいっていた○○○○子ちゃんは、中学校を卒業してからは、フリーターで自由気ままに生活していてうらやましく、この頃、その子のまねをして髪を茶色に染めたのです。でも、このことなどでお母さんが学校に呼ばれて、学校側から、退学にさせると言われたらしく、私は、お母さんから叱られました。

私としては退学でもいいやと思っていたので、生活は変えませんでした。

⑷　夏休みに入ってから、８月２０日から１週間、中学時代の同級生の女の子３人と一緒に○○県の海へ旅行へ行きました。本当に楽しい旅行で、格好いい男の子にナンパされたりして、学校や家での嫌なことも忘れて楽しく遊びまくりました。でも、家に帰ってきて、９月からの学校のことや、家での退屈な生活のことを思うと嫌でたまらなくなり家出を決意しました。お金は、旅行へ行く時にお母さんからもらったお小遣いと、今まで私がためてきた貯金があったので、これを持って、８月３１日の午後１１時頃に家出をしました。

○　○　○　警　察

　この時の私は、

　　　もう中学を卒業しているし、お金がなくなっても、アルバイトで

　　もやれば生活できるだろう。

　　　しばらくは家に戻らない

と考えていました。

　家出した日から１週間くらいは友達の家を泊まり歩いていましたが、

９月８日頃の夜、友達と一緒に三品町のカラオケで遊んだ後、友達と別

れ、ゲームセンターでぶらぶらしていると、

　　　３０歳くらいのちょっと太っているけど格好いい男の人

が声を掛けてきました。この人は、後になって、

　　　楢木大作という暴力団の人

と知りました。なぜ楢木が暴力団の人だと分かったかと言うと、楢木が

自分のことを暴力団員だと言っていたことのほか、背中に龍の入れ墨を

入れていたこと、自分の名前の入った暴力団の名刺を持っていたこと、

暴力団事務所のような場所で撮った写真を見せてもらったことがあるか

らです。でも声を掛けられたときには、楢木が暴力団の人には見えませ

んでした。

(5)　その日は、楢木と一緒にまたカラオケに行き、お酒を飲んだり歌った

りして遊び、その後、楢木に誘われて近くのホテルに泊まり、そこで楢

木とセックスをしました。

　私は、さっき好きな男の子がいると話しましたが、その子とは何回も

セックスをしていたので、知り合ったばかりの男の人とセックスするこ

とについて、特に嫌だとかは思いませんでした。その日はホテルに泊ま

○○○警察

り、次の日からは楢木のマンションで暮らし始めたのですが、楢木には、私が家出していることや年齢などについて全部話しています。

三品町の楢木のマンションで暮らし始めてから、4～5日くらいたった頃に、楢木が私に、

　　これやってみる？

と言って白い粉が入っている小さな袋を1袋見せてくれたのです。私はこれが覚醒剤であることがすぐに分かりました。覚醒剤はテレビのニュースやドラマで見ていたし、この頃には、楢木が暴力団員だと分かっていましたので、楢木が見せてくれた物が覚醒剤であることは、すぐに分かったのです。

また、覚醒剤をやったら犯罪になり、使い続けたら体がボロボロになるということも話に聞いて知っていたのですが、

　　覚醒剤をやると、どんな気持ちになるんだろう

という好奇心がわいてきたので、

　　注射は怖いけど、1回くらいなら試しても大丈夫かな

と思って、楢木に

　　いいよ

と、覚醒剤をやることを伝えました。すると楢木は、袋から少しだけ覚醒剤を出して、これを水に溶かして注射器で吸い上げ、私の左腕に注射してくれたのです。この時は、

　　体の中がシャキッとして、眠くならず、すごく気持ちよく

なりました。楢木は、私に覚醒剤を注射した後、自分でも覚醒剤を注射していました。

○　○　○　警　察

(6)　楢木のマンションには２０日間くらい居たのですが、この間、同じようにして、覚醒剤を

６～７回

はやっています。こんなことをしているうちに楢木が、私に、

援交やってバイトしないか。小遣いくらいは自分で稼げよ。

などと言い出したのです。

援交というのは、援助交際のことで、知らない人とセックスをしてお金をもらうことです。私は、援交をすると法律に違反することだとは知っていましたが、さっき話したように、セックスをすることに抵抗感はなかったし

いい小遣い稼ぎになる

と思ったので、楢木に４回くらい援交の相手を紹介してもらいました。

援交のやり方は、楢木に指示されたホテルの部屋に行き、そこに男の人が待っているので、その人とセックスしてから３万円をもらい、そのうち１万円を楢木に渡していたのです。

私が、今日持っていたコンドームは、援交する時に、病気をうつされたり、妊娠しないように、自分でコンビニで買ったものです。

(7)　９月３０日頃の朝方、援交後にマンションに帰ると楢木は留守でした。

楢木は、その後、数日間帰って来ませんでしたので、変だなと思いましたが、街で楢木の知り合いに会って聞いたところ、

警察に追われてどこかへ逃げた

とのことでした。

○ ○ ○ 警 察

　　楢木が警察に追われたという話を聞いて、
　　　楢木と一緒に覚醒剤をやった私もお巡りさんに捕まる
と思い、楢木のマンションから逃げました。それからは、スマホの出会い系サイトの掲示板に、書き込みをして、いくつもの返信の中から気に入った人を見つけては援交をしてお小遣いを稼ぎ、その相手と一緒にホテルに泊まったりしていました。
　援交の相手が見つからなかったり、男の人と会ったけどヤクザみたいな人だった時は、他人のふりをして、その場から逃げて、インターネットカフェで泊まったりしていました。
　今日も、三品町のホテルで援交して小遣いを稼ぎ、ホテルに泊まろうと思い、スマホの出会い系サイトの掲示板に書き込みをして、相手の男の人を探しながら、ぶらぶら歩いていたところを刑事さんに見つかってしまい、家出のこともばれてしまったのです。
　楢木のマンションの場所や覚醒剤をやった日付、援交の相手になった男の人のことなどの詳しいことは、後でまた話します。
(8)　これからの私の生活ですが、さっき、刑事さんから、覚醒剤の恐ろしさを聞いてよく分かりましたが、すぐにやめれるかは分かりません。
　今は、家には帰りたくないけど、高校をやめて自由に働かせてくれるなら帰ってもいいかなと思っていますが、嫌なことがあったらまた家出して、今度は遠くへ行って見つからないようにします。

小　島　　花　子　(指印)

以上のとおり録取して申述者の実母小島良子立会いの上読み聞かせたところ、誤りのない旨を申し立て署名指印した。

○　○　○　警　察

前同日

〇〇県〇〇警察署

巡査部長　加藤　一郎　㊞

立会人　　小島　良子　㊞

〇　〇　〇　警　察

触法・ぐ犯調査

別記様式第３号

申　　述　　書
(触法・(ぐ犯)) 事件
住　　居　〇〇県〇〇市南区熊沢町５丁目２番１３号
(電話　〇〇〇－〇〇〇〇)
職業 学校・学年 (少年との関係)　無職 (実母)
氏　　名　　小島　良子
昭和〇〇年〇〇月〇〇日生 (４８歳)
上記の者は、令和〇〇年１０月１４日、〇〇県〇〇警察署において、本職
に対し、任意次のとおり申述した。
１　私の本籍は、〇〇県〇〇市向井区森町９８番地で、ただ今お話ししまし
た住所地で家族と一緒に暮らしています。
家族は、
市内にあります、南株式会社に営業部長として勤めている
夫　　　小島　勝広 (５０歳)
と隣の〇〇市にあります、私立杉山大学に通い、現在１年生の
長女　　小島　佐代子 (１９歳)
それと、今回警察に保護されました、私立〇〇高校３年生の
次女　　小島　花子 (１７歳)
と私の４人家族です。
２　我が家の収入や資産ですが、
(1)　資産は、今住んでいる一戸建ての家くらいですが、この家は、土地が
５０坪、家屋の建て坪が約２５坪で、両方で約３，５００万円くらいに
なると思います。

〇　〇　〇　警　察

注意　１　(触法・ぐ犯) の欄の該当部分に丸印を付けること。
　　　２　(少年との関係) 欄は、少年本人が申述した場合は「本人」と、家族の場合はその続柄を記載すること。

(用紙　日本産業規格Ａ４)

預貯金は、銀行に主人名義で定期預金約３００万円とゆうちょ銀行に私名義で約２００万円あります。

(2)　収入は、主人の手取りが毎月約６０万円くらいあり、住宅ローンを毎月１０万円、ボーナス時には４０万円返済していますが、生活はごく普通と思いますし、子供たちにお金で不自由な思いをさせたことはありません。

子供たちのお小遣いも私が子供に言われるままに渡していました。

3　今日、家出中だった次女の花子を警察で保護しているとの連絡をいただき、大急ぎで警察署に来たのですが、先ほど、女性の刑事さんから、

花子が家出中に暴力団員と交際して、覚醒剤をやったり、自分の体を売ってお金を稼いでいた

と聞かされました。私は、その話を聞いて非常に驚き、私から直接花子に確認したところ、刑事さんの言っていることに間違いないことが分かり、目の前が真っ暗になった感じです。

花子の生い立ちや性格、日頃の行いについてお話しいたしますが、どうか、警察の方のお力添えで花子を立ち直らせていただきたいのです。

(1)　花子は、生まれた時から健康で、発育もよい子でした。小学校、中学校では特に問題を起こすこともなく、学校での成績は大体クラスの真ん中くらいでした。

性格は、明るく社交的で、友達も多い方だと思いますが、やや短気な面があり、中学生になってからは、私や主人に口答えすることもありました。

こつこつと努力するタイプではないと思います。

〇〇〇警察

中学３年になり、高校受験を迎えた時、花子本人は県立○○高校を希望していたのですが、主人が私立○○高校を受験するようにと言い出しました。

主人としては進学校に進ませたかったのだと思いますが、花子の学力ではやや無理があり、本人も受験を望んではいませんでした。それでも塾に通わせたりして何とか合格することができました。

(2) 高校に進学した当初は、張り切っていましたが、○○高等学校は私立で校則やしつけが厳しく、花子もそのことに反感を持っていたようで、

担任がうざったいよ

などと口汚く言っていたことがよくありました。

また、同級生もよくできる子が多く、成績も常に下の方でした。

それでも何とか２年生に進級したのですが、花子は学校や教師に対して嫌気がさしてきたようで、早退することが多くなり、令和○年９月頃からは、朝、家を出ても学校に行かずに授業をさぼるようになりました。

このことが、学校からの連絡で主人の知るところとなり、主人からきつく叱られています。

この時は私がとりなしましたが、花子はこれ以来主人を避けるようになり、友人の家に遊びに行くと言っては、帰宅が深夜になったり、無断で外泊することも多くなり、挙げ句の果てには、

化粧品を万引きして警察のお世話になったりした

のです。

たばこを吸ったり、夜遊びで補導されて、警察から連絡をもらったこ

ともありました。

　これらのことは、主人が知ればまた激怒すると思い、主人には一切話しませんでしたが、この頃になると、主人は出来のいい姉の佐代子と比較して、花子のことを疎ましく思っていた様子で、今になって考えてみると、花子もそのことを感じ取っていたように思います。

⑶　今年、３年生にようやく進級しましたが、花子の服装が急に派手になり、ピアスをしたりするようになって、夏休み前には、髪を茶色に染めてしまいました。

　このことで私が学校に呼ばれ、教頭先生から、

　　　このままでは卒業させない、場合によっては退学処分にする

と言われ、このことを花子に伝えると、

　　　退学でもいいよ

などと開き直った態度で、すっかり学校に行く気はないようでした。

　また、友達の家に泊まりに行くと言っては外泊したり、無断で外泊することが以前にも増して多くなり、週に３日のペースで外泊するようになったのです。

⑷　夏休みになると、友人と海へ旅行へ行きたいと言い出したので、気分転換にもなるし、旅行を許さないとまた何をしでかすか分からないと思い、お小遣いを渡して旅行に行かせました。８月２０日に出発して２７日には帰ってきたのですが、

　　　学校の始まる前日の８月３１日の夜に家を出たまま帰って来なく
　　なった

のです。

○○○警察

最初は、友人の家に泊まりながら学校に行っていると思いましたが、学校からの連絡で登校していないことが分かり、また、心当たりがある花子の友人の家に連絡しても全く消息が知れず、家出に間違いないと思い、主人とも相談の上で、9月3日に○○警察署に捜索願を出したのです。

その後、花子の友人に連絡して花子の消息を探しましたが、何の手掛かりもなく、犯罪に巻き込まれたのではないかと心配でたまらず、9月の中旬には学校の先生にも相談しましたが、このまま所在が不明なら除籍処分にもなると言われ、途方に暮れていました。

今日、花子が警察に保護されたと聞いて安心するとともに、先ほど、聞いたところでは、家出後、暴力団員と交際し、覚醒剤にまで手を染め、自分の体を売ってお金を稼いでいたとのことで、もう私にはどうしていいか分かりませんし、主人も今度のことにはショックを受け、

学校は退学になってもいいから、どこかの施設に入れてもらい、

花子の心と身体が健やかになるように警察に頼みなさい

と言っております。どこかにそのような施設があるなら、そこに花子を入れていただき、1日も早く立ち直らせていただきたいと思います。

小島　良子 ㊞

以上のとおり録取して読み聞かせたところ、誤りのないことを申し立て署名押印した。

前　同　日

○○県○○警察署

巡査　鈴木　次郎 ㊞

○　○　○　警　察

別記様式第１号

預　　り　　書

令和○○年１０月１４日

○○県○○警察署長

警視　寺部　昭充　殿

○○県○○警察署

官　職　巡査部長　　氏名　　森　賢　治　　㊞

少年の住居　**○○県○○市南区熊沢町５丁目２番１３号**

氏名　**小島　花子**

平成○年○月○日生（**１７**歳）

上記の少年のぐ犯事件に関し、本職は、**令和○年１０月１４日**

○○県○○警察署において、少年が所持する下記目録の物件を一時預かった。

目　　録

番　号	品　　名	数　　量	備　考
1	**コンドーム ただし、○○工業製で白色ビニールパッケージに入った未開封のもの**	**１０個**	
	㊞		

（用紙　日本産業規格Ａ４）

別記様式第３号

受　領　書

令和○○年１０月１４日

○○県○○警察署長

警視　寺部　昭充　殿

住　居　　○○県○○市南区熊沢町５丁目２番１３号

氏　名　小　島　良　子　　　㊞

下記目録の物件の返還を受け、受け取りました。

目　　録

番　号	品　　名	数　　量	備　考
1	コンドーム ただし、○○工業製で白色ビニールパッケージに入った未開封のもの	１０個	

㊞

取扱者印	㊞

（用紙　日本産業規格Ａ４）

触法・ぐ犯調査
（その１）

別記様式第44号（活動規則第17条、第30条）

少　年　事　件　処　理　簿

<table>
<tr><td>種　別</td><td colspan="2">触　法　・　ぐ　犯</td><td>受理</td><td colspan="2">令和　○年　○月　○日</td><td>番号</td><td>第　○　号</td></tr>
<tr><td>少　年
カード</td><td colspan="3">作成（第　○○号）・作成せず</td><td>移送</td><td colspan="3">年　　月　　日
警察署</td></tr>
<tr><td rowspan="3">少　年</td><td>氏　名（ふりがな）</td><td colspan="2">小島　花子（こじま　はなこ）</td><td>男・女</td><td>生年月日</td><td colspan="2">平成○年○月○日生
（１７歳）</td></tr>
<tr><td>住　居</td><td colspan="6">○○県○○市南区熊沢町５丁目２番１３号
電話（○○○－○○○○）</td></tr>
<tr><td>職　業
学校・学年</td><td colspan="6">高校生（私立○○高等学校３年生）</td></tr>
<tr><td rowspan="3">保護者</td><td rowspan="2">氏　名（ふりがな）
（名称又は商号及び代表者の氏名）</td><td colspan="3" rowspan="2">小島　勝広（こじま　かつひろ）　（５０歳）</td><td>職　業</td><td colspan="2">会社員</td></tr>
<tr><td>続　柄</td><td colspan="2">実父</td></tr>
<tr><td>住　居
（主たる事務所又は本店の所在地）</td><td colspan="6">少年に同じ
電話（○○○－○○○○）</td></tr>
<tr><td rowspan="3">事件の
概　要</td><td>端　緒</td><td colspan="2">街頭補導</td><td>種　別</td><td colspan="3">ぐ犯（イ．ロ．ハ．ニ）</td></tr>
<tr><td>証　拠　物</td><td>有　・　無</td><td colspan="5">押収番号（　　　年　第　　　号）</td></tr>
<tr><td colspan="7">概　要
別紙記載のとおり</td></tr>
<tr><td rowspan="2">緊急同行状執行
一時保護委託</td><td colspan="2">開　始　日　時</td><td colspan="5">年　　月　　日午　　時　　分</td></tr>
<tr><td colspan="2">引　渡　日　時</td><td colspan="5">年　　月　　日午　　時　　分</td></tr>
<tr><td rowspan="2">措　置</td><td colspan="2">児童相談所通告　年　月　日
児童相談所通知　年　月　日
児童相談所送致　年　月　日
家庭裁判所送致○年○月○日
証拠品
家庭裁判所送付　年　月　日</td><td colspan="3">処遇意見
第一種少年院送致</td><td colspan="2">処分結果
年　　月　　日</td></tr>
<tr><td colspan="2">警察における補導の措置</td><td colspan="5"></td></tr>
<tr><td>調査主任官</td><td colspan="7">課　　　係　官職　　　氏名</td></tr>
<tr><td>報告者
連絡者</td><td colspan="3">課　　　係
官職　　　氏名</td><td>担当者</td><td colspan="3">生活安全課　　少年係
官職　警部補　氏名　○○　○○</td></tr>
</table>

（用紙　日本産業規格Ａ４）

触法・ぐ犯調査

別記様式第44号（活動規則第17条、第30条）

（その２）

決裁			月日	指揮伺・指揮事項	備考
本部長 署長	部長 副署長	課長 課長			
㊞	㊞	㊞	令和 ○年 ○月 ○日	**少年は、保護者の正当な監護に服さず無断外泊を繰り返し、暴力団組員と交際し、同人と性交渉を持つとともに、覚醒剤を使用したことを申し述べ、さらに、「援助交際」と称して売春行為を反復して行うなどの生活を繰り返していたもので、ぐ犯事由、ぐ犯性が認められ、保護者も施設での矯正を希望していることから、ぐ犯少年として家庭裁判所に送致したい。** ぐ犯事由、ぐ犯性、要保護性を確実に疎明すること	

（用紙　日本産業規格Ａ４）

4訂版
わかりやすい少年警察活動

平成17年1月5日　初　版　発　行
平成20年11月15日　2　訂　版　発　行
平成28年9月15日　3　訂　版　発　行
令和5年5月10日　4　訂　版　発　行

編　　者　少年非行問題研究会
発行者　星　沢　卓　也
発行所　東京法令出版株式会社

112-0002　東京都文京区小石川5丁目17番3号　03(5803)3304
534-0024　大阪市都島区東野田町1丁目17番12号　06(6355)5226
062-0902　札幌市豊平区豊平2条5丁目1番27号　011(822)8811
980-0012　仙台市青葉区錦町1丁目1番10号　022(216)5871
460-0003　名古屋市中区錦1丁目6番34号　052(218)5552
730-0005　広島市中区西白島町11番9号　082(212)0888
810-0011　福岡市中央区高砂2丁目13番22号　092(533)1588
380-8688　長野市南千歳町1005番地
〔営業〕TEL　026(224)5411　FAX　026(224)5419
〔編集〕TEL　026(224)5412　FAX　026(224)5439
https://www.tokyo-horei.co.jp/

ISBN978-4-8090-1460-4